Rainer Haak
Angelika Haak

Schenk dir Flügel!

Rainer Haak
Angelika Haak

Schenk dir Flügel!

Körper, Geist und Seele in Bewegung bringen

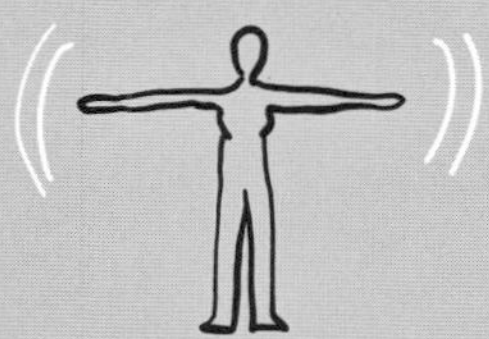

Patmos Verlag

Für Finnja und Jannis
Wurzeln und Flügel

Einladung

An alle, die noch oder wieder auf der Suche sind!

Am liebsten würden wir uns mit Ihnen in einen großen Kreis setzen und folgende Frage in die Runde werfen: »Wie wollen Sie leben? Welchen Traum haben Sie?«

Wir sind sicher, es würde ein aufregendes, kreatives Miteinander werden. Vielleicht würden wir die Antworten auf unsere Frage groß an die Wand heften: Wir wollen wieder frei und lebendig sein. Wir würden gern noch einmal neu anfangen. Wir wollen intensiv leben und positiv in die Zukunft blicken. Wir wollen aufrecht und selbstbewusst sein. Wir wollen, dass es in uns und um uns hell ist. Wir wollen ganz sein und echt sein.

Bei einer Veranstaltung sprach uns vor einiger Zeit ein Mann im mittleren Alter an. Er lächelte freundlich und stellte sich als erfolgreicher Geschäftsmann vor. Er schien etwas auf dem Herzen zu haben. Nach ein paar Minuten Plauderei sagte er plötzlich: »Ich glaube, ich habe mich vergessen.«

Wir verstanden nicht sofort, was er meinte. Er zögerte kurz, dann sprach er weiter: »Ich fühle mich leer und ausgebrannt. Ich strahle nicht mehr. Meistens funktioniere ich nur noch. Ich blicke auf meinen Kalender, erledige meine Aufgaben und lebe ein Leben, das nicht mein Leben ist.«

»Was ist denn Ihr Leben? Ihr Leben, von dem Sie einmal geträumt haben oder immer noch träumen?«

Es sah aus, als würde er in die Ferne blicken. Dann erzählte er von der kleinen Hütte am Meer, erst stockend, dann immer fließender und voller Begeisterung. »Da war ich früher oft. Wir sind früh aufgestanden, ins nächste Dorf gelaufen, haben uns frische Brötchen vom Bäcker geholt, immer vom Hintereingang, weil vorne noch nicht geöffnet war. Dann haben wir am offenen Feuer Kaffee gekocht. Und abends sangen wir, dass es bis zur Halbinsel hinüberhallte ...«

Er hatte richtig Farbe bekommen. Seine Augen glänzten. »Das würden Sie gern wieder machen?«, fragten wir.

Er lächelte wie ein Lausbub. »Das muss nicht sein. Ich will ja nicht alte Erlebnisse wiederholen. Aber das Gefühl, frei zu sein und das Leben als Abenteuer zu sehen – das wäre mein Traum. Endlich wieder Flügel haben!« Er schüttelte kurz den Kopf, als wären ihm die Worte selbst nicht geheuer. Doch er lächelte immer noch.

Nach diesem Gespräch sah Angelika mich nachdenklich an. »Er erinnert mich an meine Freundin. Sie sagt in letzter Zeit immer häufiger, dass ihr Leben leer sei. So, als hätte sie unterwegs etwas Wichtiges verloren. Sie hat keine Träume mehr. Sie wünscht sich Freiheit. Freiheit und Leichtigkeit.«

Wir sahen uns in die Augen. »Ja, das ist doch auch unser Wunsch!«

Um Freiheit und Abenteuer, um Flügel und den wunderbaren Tanz des Lebens geht es in diesem Buch. Und es geht um den großen Traum, den wohl fast jeder Mensch hat.

Wie immer ist unser Verstand erst einmal skeptisch, wenn er von Träumen und Gefühlen und Freiheit hört. Wenn er dann noch eingeladen wird, sich selbst Flügel zu schenken, schüttelt er hilflos den Kopf.

Zum Glück hat jeder Mensch neben dem Verstand auch eine Seele. Sie versteht die Sprache der Träume und äußert sich in faszinierenden Bildern.

Wir lassen in diesem Buch Verstand und Seele ins Gespräch kommen. Nur beide zusammen können das Leben leben, das unsere Augen glänzen lässt.

In diesem Buch geht es darum,

- *Verstand und Seele ins Gespräch zu bringen.* Das Ziel ist: Sie legen Ihre eigene Sehnsucht wieder frei. Dazu gibt es in diesem Buch »sieben Goldene Worte«, die dabei helfen. Ihre Seele bekommt die Flügel zurück;
- *der Sehnsucht der Seele Bilder zu schenken.* Das Ziel ist: Sie erkunden Ihre inneren Räume. Dazu gibt es in diesem Buch sieben Seelen-Geschichten. Sie regen Sie an, Ihre eigenen Bilder und Geschichten zu entdecken. Ihre Seele beginnt wieder zu fliegen;

- *Körper und Seele in Bewegung zu bringen.* Das Ziel ist: Körper und Seele, Stimme und Atem klingen zusammen. Dazu gibt es in diesem Buch einfache Bewegungsübungen, die »bewegte Sieben«. Mit diesen Übungen schwingen Sie ein in die Lust am Leben und öffnen sich dafür, was das Leben für Sie bereithält;
- *die Schalen des Lebens bewusst zu füllen.* Das Ziel ist: Sie fliegen los ins Leben. Dazu gibt es in diesem Buch das Gleichnis vom Brunnen und seinen drei Schalen. Sie entdecken Ihre persönlichen »Brunnenworte« und sorgen gut für Körper, Geist und Seele.

Dieses Buch hat uns verändert. Vieles ist in unserem Leben in Bewegung gekommen. Dafür sind wir dankbar. Vielleicht haben Sie auch Lust auf Veränderung und Lebensfreude? Sie sind herzlich eingeladen!

Rainer und Angelika Haak

Inhalt

Teil 1

Die Flügel wiederfinden

Sieben Goldene Worte

Wie alles begann

Wir beide, Angelika und Rainer, gingen vor ein paar Jahren gemeinsam den in diesem Buch beschriebenen Weg, auf der Suche nach unserem Ort der Sehnsucht und Lebendigkeit. Wie kam es dazu?

Rainer Irgendwann fing ich an, immer häufiger von früher zu erzählen. Dabei stand ich doch mitten im Leben. Ich erzählte, wie ich das Abenteuerlager in Schweden gegründet habe. Ich war ein richtiger Abenteurer. Das Leben war aufregend, und ich fühlte mich frei und lebendig.

Ich erzählte von den ersten Büchern, die ich schrieb. Eines hieß »Das Abenteuer, das Leben heißt«. Es war ein Buch für junge Abenteurer, die das Leben entdecken wollten. Ich war selbst einer von ihnen. Ich erzählte von den vielen Gruppenreisen, die ich geleitet habe, die meisten nach Schweden. Wir haben dabei viel erlebt, im Winter auf zugefrorenen Seen, im Sommer auf unbewohnten Inseln, auf denen wir während unserer Kanufahrten übernachteten. Ich spüre immer noch mein Herz klopfen, als plötzlich ein Sturm aufzog und unsere Boote mitten auf dem See waren.

Ich stellte fest, dass ich nicht der Einzige war. Auch andere erzählten begeistert von früher. Sie erzählten von Musikfestivals, von wilden Partys, vom ersten Motorrad oder von langen Nächten, in denen sie sich auf wichtige Prüfungen vorbereiteten. Es war eine spannende, verrückte Zeit, so haben sie erzählt.

Ich begann, über meine Situation nachzudenken: Wie sah mein Leben heute aus? Natürlich, ich war glücklich verheiratet, da waren die Kinder, auf die ich stolz bin und die ich liebe, da waren immer wieder Sorgen, die alten Eltern, die Schulterschmerzen vom vielen Sitzen, der Stress. Da waren die Aufgaben, die Erfolge – aber längst nicht mehr die großen Abenteuer, das verrückte Verliebtsein ins Leben und die wunderbare Leichtigkeit des Seins.

Was war los mit mir? Es ging mir doch gut. Ich hatte tausend Gründe dankbar zu sein. Hatte ich keine Träume mehr? Lebte ich mehr im Kopf als in der Wirklichkeit? Hörte ich nicht mehr auf meine Seele? Wo waren die Flügel von damals, die Sterne und die leuchtenden Augen?

Angelika Ich habe mich schon immer gern und viel bewegt. Ich machte Sport und war ständig in Bewegung. Ich fühlte mich frei und leicht. Manchmal stellte ich mir vor, ich würde fliegen, wie ein Vogel.

Ich liebte Musik und machte eine Ausbildung zur Kirchenmusikerin. Voller Begeisterung leitete ich verschiedene Chöre. Dann kamen zwei wunderbare Kinder, ein Haus, der große Garten und zahlreiche Verpflichtungen. Ich tauchte ein in unser turbulentes, aufregendes Familienleben. Und die Musik war immer dabei. Als die Kinder größer wurden und eigene Wege gingen, fragte ich mich immer häufiger: Und nun? Was sind meine Träume? Wo will ich hin?

Bald wurde mir deutlich: Es ist Zeit für ein neues Abenteuer. Ich werde mein Leben in Bewegung bringen. Ich will mir Flügel schenken.

Unsere Suche Rainer machte sich auf die Suche nach der Sprache der Seele, die am liebsten in Bildern »redet«. Er las Angelika eine alte oder neue Weisheitsgeschichte nach der nächsten vor. Wir stellten fest, dass Bilder wie der Stern, die Quelle, ein Flügel oder ein Schmetterling uns durch die Seele in eine andere Dimension der Wirklichkeit führen, von der unser Verstand nichts weiß. Auch die Bibel und die anderen heiligen Bücher der großen Religionen sind in Seelensprache geschrieben. Wollen wir ihre Weisheiten nutzen, so brauchen wir den Zugang zu unserer Seele. Einen tieferen Zugang zur Seele und zum Unbewussten suchten wir in Imaginationen, die uns einen neuen Zugang zu uns selbst und zu unserer Seelenwelt eröffneten. Wir lernten verschiedene Formen der Imagination kennen. Immer mehr erschlossen sich uns die bildhaften Botschaften der Seele.

Sieben Goldene Worte Da kam Rainer auf die Idee mit dem Selbstversuch. »Lass uns sieben Worte mit biblischen Weisheiten suchen. Dann werden wir herausfinden, ob und wie wir mit diesen Worten leben können.«

Es dauerte einige Zeit und einige Reisen durch die Bibel, bis wir sieben Worte gefunden hatten. Mit diesen Worten begannen wir zu leben, jeden Tag. Die alten Bibelworte faszinierten und berührten uns. Aber sie blieben nicht unverändert: Womit wir nicht gerechnet hatten: Die Worte entwickelten ein erstaunliches Eigenleben. Sie wandelten sich. Sie wurden umfassender und strahlten mehr Weite aus. Sie nahmen den Weg in unser heutiges Leben und breiteten sich in uns aus.

In dieser Zeit schrieb Rainer das Buch »Café Zeitlos. Eine Erzählung über die Flügel der Seele«. Es stellt die sieben »Goldenen Worte« vor, die wir gefunden hatten.

Cafe Zeitlos

In Café Zeitlos lernen wir Michael kennen. Michael hat sich selbst verloren. Seine Lebensfreude ist wie weggeblasen. Seit seine Freundin ihn verlassen hat, fühlt er sich sonderbar leer und ausgelaugt. Alles ist ihm zu viel – das Unterrichten seiner Drittklässler, das Aufstehen am Morgen und sogar das Nachdenken, obwohl er doch ständig »denkt« und in seinem Gedankenkarussell gefangen ist. Das Laufen im Park hat er aufgegeben. Seine Motivation, etwas zu unternehmen, ist immer mehr verkümmert. Er spürt keine Hoffnung, keine Zuversicht und keine Freude mehr. In ihm ist es dunkel.

Michael findet aus seiner Krise zurück zur Lebensfreude. Das liegt wohl in besonderer Weise an seinen Besuchen im Café Zeitlos, einem Ort außerhalb von Raum und Zeit.

Bei jedem Besuch erhält Michael ein »Goldenes Wort«. Diese Worte werden ein Schlüssel für seine Veränderung. Er beginnt, sich und seine Gefühle intensiver wahrzunehmen, und begegnet der Sehnsucht seiner Seele. Endlich spürt er wieder Hoffnung und Freude. In ihm wird es hell.

In die Mitte von all den Fotos von Bekannten und Freunden in seinem Flur hängt er jetzt ein großes Foto von sich selbst. Er lächelt sich zu.

Im »Café Zeitlos« geht es um die sieben »Goldenen Worte«, die uns seit einiger Zeit begleiteten. Jedes der sieben Worte ist eine Aufforderung, uns dem Leben zu öffnen. Eines Tages wurde uns deutlich, dass jedes Wort auf etwas Bestimmtes zielt: unsere Antwort. Erst mit der eigenen Antwort werden es unsere Worte – ein neuer Teil unseres Lebens.

»Lass dich vom Himmel beschenken«, so lautet das erste Wort. Wir antworteten: »Ich werde vom Himmel beschenkt.«

Jetzt spürten wir, wie die Worte uns berührten und veränderten. Unser Selbstversuch wurde immer spannender.

Die bewegte Sieben Angelika hatte begonnen, sich intensiv mit der Frage zu beschäftigen: Wie wirken sich Bewegungen auf unseren Körper aus? Als ausgebildeter Bewegungscoach entwickelte sie kleine Bewegungsprogramme, die uns aus dem Stress und aus der Anspannung holten und innere Räume öffneten. Gemeinsam probierten wir sie aus und entwickelten sie immer weiter. Wir fragten uns: Welche Bewegungen haben welche Auswirkungen auf unser Denken und Fühlen, auf unsere Stimmung und unser Wohlbefinden? Und welche Bewegungen führen uns zu neuer Energie und zu mehr Leichtigkeit?

Wir wollten auf jeden Fall Körper, Seele und Geist in Bewegung bringen, darüber waren wir uns schnell einig.

Da sagte Angelika eines Tages: »Unsere sieben Goldenen Worte brauchen Bewegungen.« Es begann wieder eine spannende Zeit. Worte und Bewegungen, Atem und Stimme wurden zu einer lebendigen Einheit. Die »bewegte Sieben« war entstanden.

Eine Reise zu uns selbst Bald entdeckten wir, dass wir tatsächlich unterwegs waren auf einer Reise zu uns selbst und zu einer neuen Dimension von Leben. Dort wird unser Stern leuchten, sagte uns eine innere Stimme, dort wird die Quelle zu jeder Zeit frisch sprudeln, und dort wird unsere Seele ihre Flügel ausbreiten.

Wohin wird uns unser Weg führen?, fragten wir uns. Die Antwort, die wir in uns hörten, war immer die gleiche: Finde heraus, was dir wirklich wichtig ist.

Sieben Worte zum Nachdenken

Jetzt ist es Zeit, die Worte
der »bewegten Sieben« vorzustellen:

Lass dich vom Himmel beschenken.
Ich werde vom Himmel beschenkt.

Lieben heißt Sterne verschenken.
Mein Stern geht auf.

In jedem Auge leuchtet der Himmel.
Der Himmel leuchtet in mir.

Öffne die Fenster deiner Seele.
Meine Seele ist frei.

Vertrau dem Licht in dir.
Mein Licht leuchtet.

Über allem strahlt die Liebe.
Meine Liebe strahlt aus.

Alles Leben ist ein Tanz.
Ich tanze mein Leben.

Der Verstand war sichtlich irritiert, weil die Seele strahlte. »Es scheinen Worte der Seele zu sein«, stellte er nüchtern fest. »Bevor es weitergeht, würde ich mir gern die sieben Worte genauer anschauen. Sonst fühle ich mich übergangen.« Er grinste, weil er wieder einmal so tat, als würde er fühlen können.

Wir waren mit seinem Vorschlag einverstanden, einmal in Ruhe über die sieben Worte zu philosophieren. Dann würde der »Kopf frei« sein, wenn es darum ging, den Weg in die eigene Tiefe, den Weg der Seele zu gehen.

1.
Lass dich vom Himmel beschenken. Ich werde vom Himmel beschenkt.

Wir stellen uns vor, ein goldener Faden führe von unserem Scheitelmittelpunkt zum Himmel. Diese Verbindung richtet uns auf, macht uns weit und schenkt uns inneren Raum. Wir erleben ein Gefühl von tiefer Dankbarkeit.

Vielleicht erweitert das Wort »Himmel« auch unseren inneren Horizont und erinnert an Licht, Weite, Frieden und Abenteuer. Himmel meint so viel mehr, als wir uns vorstellen können.

Was verstehen wir darunter, dass wir vom Himmel beschenkt werden? Es geht nicht um neue »Bestellungen beim Universum«. Es geht auch nicht darum, Gott mit einer Wunschliste entgegenzutreten.

Es geht darum, uns für die Sterne zu öffnen, die vom Himmel fallen. So würde es zumindest die Seele formulieren. Es geht darum, dass wir den dünnen Schleier erkennen, wo sich Himmel und Erde berühren und unsere größten und schönsten Möglichkeiten verborgen sind. Es geht darum, dass wir überhaupt dafür offen sind, dass wir beschenkt werden. Denn alles Leben ist geschenkt.

Der Verstand machte sich eifrig Notizen. Manchmal runzelte er kurz die Stirn. Dann wieder nickte er zustimmend.

2.
Lieben heißt Sterne verschenken. Mein Stern geht auf.

Wieder lächelte die Seele. Sie verschenkt gern, vor allem Sterne. Der Verstand schüttelte energisch den Kopf. »Die Sterne sind erstens zahllose Lichtjahre entfernt, zweitens gehören sie dir nicht und drittens hat niemand so viel Platz, um sie zu verstauen.« Er war sehr zufrieden mit seiner Antwort.

Die Seele lächelte immer noch. »Du kennst doch längst meine Bildersprache. Wir leben hier auf der Erde, um zu verschenken und beschenkt zu werden.«

Der Verstand nickte, als würde er verstehen. »Also angenommen, ich würde Sterne verschenken, was ja gar nicht möglich ist, warum geht dann mein Stern auf?«

Die Seele war wie so oft gar nicht bei der Sache. Sie bewunderte verzückt die vielen großen Sterne, die oben am Himmel standen, und die kleinen Sterne, die ganz nah waren.

Wir überließen die beiden jetzt ganz ihrem Gespräch. Für sie war der gemeinsame Austausch eine neue, kostbare Erfahrung.

Vielleicht, so überlegten wir weiter, geht unser Stern ja genau in dem Augenblick auf, in dem wir unser ganzes Leben als Geschenk erkennen, ein Geschenk an uns selbst und an andere. Vielleicht.

3. In jedem Auge leuchtet der Himmel. Der Himmel leuchtet in mir.

Im ersten Moment werden die meisten Menschen diesen Worten zustimmen. Jeder hat das Recht auf Leben, heißt es im deutschen Grundgesetz. Alle Menschen sind wertvoll, sagen wir gern.

Doch wer etwas länger über diese Worte nachdenkt, wird kritisch fragen: »Wirklich?« Vielleicht denken wir an Menschen, die sich einfach durchsetzen und keine Rücksicht auf andere nehmen. Vielleicht denken wir an die Nachbarn, die gegen uns prozessieren, weil unsere Kinder angeblich zu laut sind. Vielleicht fallen uns Dinge ein, die wir hier gar nicht lesen wollen.

Doch es steht da: »In jedem Auge leuchtet der Himmel.« Das gilt, auch wenn das Licht verdeckt oder verschüttet ist, vielleicht seit frühester Kindheit.

Der Verstand kratzte sich mehrmals am Kopf. »Wie soll ich denn erkennen, dass in einem Auge der Himmel leuchtet?«

Die Seele strahlte ihn an: »Ich werde es dir zeigen.«

4. Öffne die Fenster deiner Seele. Meine Seele ist frei.

Die Seele tanzte gefühlversunken hin und her. Der Verstand blickte sie verständnislos an. »Das ist bestimmt wieder deine Seelensprache. Aber erklär mir doch bitte, was das bedeutet! Wie können deine Fenster geöffnet werden?«

Sie legte ihm vorsichtig die Hand auf den Rücken. »Dazu brauche ich dich. Wenn ich dir etwas zeigen will, dann brauche ich deine Bereitschaft, mit mir zusammenzuarbeiten.« Bei dem Wort »Arbeiten« zuckte sie kurz zusammen. Viel lieber hätte sie wohl gesagt: »Lass uns zusammen tanzen!«

»Ist das alles? Wenn ich auf dich höre, ist alles gut?«, fragte der Verstand nach.

Sie schmunzelte. »Dann geht es erst richtig los! Ich brauche Luft zum Atmen und Licht zum Leuchten und Freiheit zum Leben.«

Der Verstand brauchte jetzt etwas Zeit zum Nachdenken. Die Bildersprache der Seele forderte ihn doch immer wieder heraus. Plötzlich kniff er die Augen zusammen, als hätte er gerade einen genialen Gedanken erwischt. »Du willst, dass ich endlich auf dich höre. Du wünschst dir Luft und Licht und Freiheit. Du bist also noch sehr bedürftig. Dann erklär mir doch bitte, warum es heißt: Meine Seele ist frei.« Er setzte sich gemütlich in den Sessel und blickte sie herausfordernd an.

Die Seele tanzte jetzt wieder, mal langsam und mal etwas schneller. Es sah aus, als hätte sie dem Verstand gar nicht zugehört. Doch plötzlich flüsterte sie, als würde sie ihm ein Geheimnis verraten: »Das ist meine Sehnsucht.«

Der Verstand blickte sie gequält an. »Was?«

Sie sprach jetzt lauter und sehr deutlich: »Meine Seele ist frei. Das ist meine ganze Sehnsucht. Erst wenn wir zusammen tanzen, bin ich wirklich frei. Vielleicht ist das erst in hundert Jahren so weit, aber für mich geschieht es schon in diesem Augenblick. Für mich gibt es kein Morgen. Es gibt nur heute.«

Der Verstand schaute sie versonnen an. Dann blickte er sich vorsichtig um, ob auch niemand in der Nähe war. Schnell stand er auf und nahm sie in den Arm. »Nur mal kurz die Hüften geschwungen!«, flüsterte er. Sie war selig.

5.
Vertrau dem Licht in dir. Mein Licht leuchtet.

Wir sind beim fünften Wort angekommen. Ist das schon der Höhepunkt? Eben noch leuchtete der Himmel in uns, jetzt haben wir dort sogar ein eigenes Licht. Was für eine Festbeleuchtung!

Vielleicht können wir uns das gar nicht oft genug sagen: Vertrau dem Licht in dir. Schließlich hatten wir wohl alle bisher das Gefühl, dass uns etwas fehlt. Wir hielten uns für sehr kleine Lichter. Wir hatten ein zerbrechliches Selbstwertgefühl. Wir hatten nur wenig Vertrauen – ins Leben, in die Menschen, in uns.

Das Wort sagt uns: Du bist voller Licht. Du bist etwas Besonderes. Du darfst Vertrauen haben.

Wir müssen gestehen, dass wir mit dem zweiten Teil des Wortes Probleme hatten. Mein Licht leuchtet, das hört sich sehr überheblich an, als wären wir schon erleuchtet. Wenn schon Licht, dann verstecken wir es lieber.

Aber die Seele sagt uns: Zeig dich. Zeig dein Lächeln. Zeig dein Licht. Zeig deine Liebe. Zeig deine Power. Zeig deine Freude. Und lass es zu, dass andere sich davon anstecken lassen. So schafft dein Lächeln neues Lächeln. So schafft dein Licht mehr Licht. So schafft deine Liebe neue Liebe. So schafft deine Power noch mehr Power. So wird aus etwas Freude viel Freude.

6.
Über allem strahlt die Liebe. Meine Liebe strahlt aus.

Wir waren uns schnell einig. Wir wünschen uns eine Welt, in der über allem die Liebe strahlt. Die Seele strahlte mit, und sogar der Verstand nickte zustimmend. Die Liebe sollte der Leitstern sein, nach dem wir uns ausrichten. Wir hoffen jeden Tag neu, dass sie stärker ist als alles andere.

Über allem strahlt die Liebe, das sagten wir gern und voller Überzeugung. Doch dann waren wir schnell stumm. »Meine Liebe strahlt aus« bekamen wir erst einmal nicht über die Lippen. Warum?

Wir erinnerten uns an unser Problem mit dem Wort: Mein Licht leuchtet. So ähnlich, nur noch stärker, waren jetzt unsere Widerstände. Da dachten wir an die Seele, die von ihrer Sehnsucht sprach. »Meine Liebe strahlt aus«, da hörten wir deutlich die Sehnsucht der Seele heraus. Wie sagte sie doch? »Das ist meine ganze Sehnsucht.«

Wir waren einverstanden. Wir wollen gern darauf vertrauen, dass unsere Liebe ausstrahlt. Nicht erst in hundert Jahren, sondern schon heute.

7.
Alles Leben ist ein Tanz. Ich tanze mein Leben.

Ein arabisches Sprichwort sagt: »Gott achtet uns, wenn wir arbeiten. Aber er liebt uns, wenn wir tanzen.« Der Verstand, der von seinem kurzen Tänzchen noch erschöpft war, schüttelte energisch den Kopf. »Ab und zu tanzen ist ja ganz schön, aber ständig? Es gibt so viel zu denken und zu regeln und zu ordnen im Leben, da bleibt zum Tanzen kaum Zeit.«

Die Seele war immer noch ergriffen von dem unerwarteten Tanz mit dem Verstand. »Mein Lieber, in meiner Sprache bedeutet Tanzen, dass wir uns selbst vergessen können. Es bedeutet, mit allem verbunden zu sein und uns dem Leben hinzugeben. Tanzen, das ist Himmel auf Erden, das ist Luftballon und Pusteblume, das ist ...« Sie suchte nach weiteren Bildern.

Da ergriff der Verstand noch einmal das Wort. Dabei wippte er fröhlich mit den Händen und Füßen. »Du meinst, Tanzen ist Freiheit und Gelassenheit und Abenteuer?« Stolz blickte er die Seele an. Dann nahm er einen Stift und sein kleines Notizbuch zur Hand. »Das muss ich unbedingt aufschreiben.«

Teil 2

Räume der Sehnsucht entdecken

Sieben Seelen Geschichten

Weiter geht's

Wir sahen uns an. »Jetzt aber genug philosophiert!«, sagte Angelika und stand auf. »Lass uns eintauchen in die Sprache und Bilder der Seele.« Angelikas Augen glänzten.

Seelensprache

Je länger wir mit den sieben Goldenen Worten unterwegs sind, umso häufiger stellen wir fest: Wir verändern uns. Wir sehen plötzlich das Licht im Auge eines Menschen, den wir früher übersehen hätten. Wir fühlen uns häufiger als früher vom Himmel beschenkt. Wir stellen fest, dass unsere Seele nicht nur ihre Fenster geöffnet hat, sondern tatsächlich immer freier wird. Und manchmal nehmen wir Teil am großen Tanz des Lebens.

In der heutigen Zeit sind wir es eher gewohnt, uns ganz auf den Verstand und seine analytische Herangehensweise zu verlassen. Doch es gibt tiefe Wahrheiten, die nur in Seelensprache ausgedrückt werden können. Die Seele liebt Bilder und Symbole. Sie gibt Impulse und keine Handlungsanweisungen. Sie meldet sich gern in Träumen.

Im Gedicht »Mondnacht« des Lyrikers und Schriftstellers *Joseph von Eichendorff* heißt es in der dritten und letzten Strophe:

Und meine Seele spannte
Weit ihre Flügel aus,
Flog durch die stillen Lande,
Als flöge sie nach Haus.

Das ist Seelensprache. So werden tiefe innere Wahrheiten zum Klingen gebracht, die wir in unserer normalen Sprache nicht ausdrücken können. Die meisten Texte der großen Weltreligionen sind in Seelensprache geschrieben. Die griechische Mythologie besteht aus Seelensprache. »Der kleine Prinz« von *Antoine de Saint-Exupéry* ist Seelensprache ebenso wie die Märchen und Sagen aus aller Welt, die mich, Rainer, so begeistern. Und wenn wir verliebt sind, verstehen wir Seelensprache besonders gut. Dann versprechen wir, dass wir einen Stern vom Himmel holen.

Ich, Rainer, habe mich entschieden, zu jedem der sieben Goldenen Worte eine Geschichte, ein Märchen, eine Erzählung in Seelensprache entstehen zu lassen. Vielleicht sind diese Geschichten für Sie Schlüssel zu den »sieben Worten«. Vielleicht lassen Sie sich aber auch inspirieren, eigene Geschichten zu schreiben.

Violas Reise

Lass dich vom Himmel beschenken.
Ich werde vom Himmel beschenkt.

In der goldenen Stadt über den Wolken, jenseits der Zeit, lebte ein großer, stämmiger Engel. Er war zuständig für die Reisevermittlung. Meistens ging es dabei um die Erde, die immer noch ein beliebtes Reiseziel war.

Eines Tages kam Viola zu ihm. Sie war sehr aufgeregt. »Bitte, lieber großer Engel, ich möchte so gern auf die Erde. Gibt es eine Möglichkeit, dass mein Traum wahr wird?«

Der große Engel blickte sie prüfend an. »So, du möchtest also als Engel die Erde besuchen? Du weißt, dass alle Engel dort eine bestimmte Aufgabe haben?«

Viola schüttelte energisch den Kopf. »Nein, nicht als Engel. Ich möchte als Mensch auf die Erde. Ich möchte einen richtigen Körper haben.«

Als sie den fragenden Blick ihres Gegenübers sah, schluckte sie kurz und fügte hinzu: »Ich meine, einen Körper, der Gewicht hat und einen Abdruck im Sand hinterlässt.«

Der große Engel blickte sie jetzt streng an und sprach sehr deutlich. »Du weißt, dass die Menschen sehr zerbrechlich sind? Menschen können krank werden und unglücklich sein. Du musst geboren werden, allein das ist schon sehr mühsam. Und wenn du das Glück hast, alt zu werden, wirst du erleben, wie du Falten bekommst und dein Körper langsam zu zerfallen beginnt.«

Viola lächelte. »Das weiß ich doch alles. Aber wenn ich zu der kleinen blauen Kugel in der Ferne schaue, bekomme ich solche Sehnsucht, dort einmal zu leben. Ich will hören, wie die Vögel singen. Ich will spüren, wie die Stürme wehen. Ich will sehen, wie die Menschen lächeln. Ich will im Wasser baden und über Wiesen laufen.«

Der große Engel sah sie freundlich an. »Das wird keine Spaßreise, die du einfach so abbrechen kannst, wenn die Vögel verstummen oder die Menschen nicht mehr lächeln. Ich habe dich schon gewarnt, dass nicht alles dort angenehm ist.«

Viola ließ nicht locker. »Ich bin damit einverstanden. Ich werde lernen, mit Problemen zu leben. Ich werde meinen Körper lieben, auch wenn er zerbrechlich ist. Ich werde traurig sein und trotzdem glücklich. Ich werde wie ein wunderschöner Apfel sein, der sein Leben lang wächst und an Farbe gewinnt und an Süße und der erst vom Baum fällt, wenn er wirklich reif ist.«

Der große Engel war sehr beeindruckt von ihren Worten. »Also gut, ich bin einverstanden. Du musst wissen, dass es Situationen gibt, in denen wir dir auch nicht helfen können. Die musst du selbst meistern. Du darfst daraus lernen und daran wachsen. Aber wir lassen dich nicht allein. Wir schenken dir Gaben, die du nutzen kannst. Wir geben dir Möglichkeiten, die du ergreifen kannst. Und noch etwas: Wir schenken dir die Sehnsucht nach der goldenen Stadt.«

Es dauerte kein Jahr, da war Viola in die Welt hineingeboren. Sie wurde ein fröhliches, aufgewecktes Kind. Sie wuchs heran und freute sich über die Schönheit der Welt. Sie weinte und lachte, sie erlebte Erfolge und Enttäuschungen. Sie heiratete und bekam eine Tochter. Die Jahre flogen nur so dahin.

Schließlich war sie alt geworden. Ihr Mann war gestorben, die Tochter lebte in einem anderen Land. Sie wohnte in einem Holzhaus am Rande des Dorfes. »Dieses Haus ist das einzig Schöne, was mir geblieben ist«, sagte sie oft zu ihren Besuchern.

Ihre Beine schmerzten, wenn sie am Morgen aufstand und wenn wie sich abends ins Bett legte. Sie hatte ihr Lachen verloren und ihre Lebensfreude. »Das Leben meint es nicht gut mit mir. Ich habe keine Aufgabe, für die ich leben kann. Niemand braucht mich. Ich bin so unglücklich.«

Manchmal träumte sie von einer goldenen Stadt. »Wie gern würde ich dort leben«, sagte sie dann zu sich selbst.

Eines Tages klopfte ein Mann an ihre Tür. Sie öffnete vorsichtig. »Ja bitte, was wünschen Sie?«

Er sagte, dass er auf Reisen sei, was er allerdings nur in dringenden Fällen täte. Sie verstand nicht, was er ihr sagen wollte. »Kommen Sie doch erst einmal herein!«

Er setzte sich auf den angebotenen Stuhl und freute sich über das Glas Wasser. »Was für ein gemütliches, schönes Haus!« Dann fragte er wie nebenbei: »Wie geht es dir hier?«

Sie stutzte. Kannten sie sich von früher? Sie holte noch ein Glas Wasser, dann brach es aus ihr heraus: »Manchmal mag ich nicht mehr leben. Ich fühle mich so unnütz. Ich will nicht mehr!« Sie begann, leise zu summen und dann ein trauriges Lied zu singen. Es hörte sich wunderschön an.

Der Mann lächelte und nickte, so als würde er sich nicht über ihre Worte wundern. »Die Menschen sind zerbrechlich. Sie können krank werden und sehr unglücklich sein. Aber sie leben in einer fantastischen Welt voller Wunder. Sie haben Gaben und Fähigkeiten, und immer wieder wird der Schleier ganz dünn, der ihre Erde vom Himmel trennt.«

Sie schüttelte den Kopf. »Wo habe ich erfahren, dass der Himmel die Erde berührt? Ich habe das noch nie erlebt.«

Er stand auf und ging zum Fenster. Er war groß und stämmig. »Da draußen auf dem Weg hat dich vor Jahren eine alte Frau angesprochen. Sie brauchte Hilfe. Du hast für sie gesorgt. Du hättest auch vorbeigehen können.«

»Das stimmt. Woher wissen Sie das? Als sie starb, hat sie mir das Haus vermacht.«

»Kannst du dich daran erinnern, wie oft du abends bei ihr gewesen bist? Du hast ihr Geschichten erzählt und für sie gesungen. Das Singen ist eine deiner vielen Gaben.«

Viola staunte über seine Worte und sah für einen kurzen Augenblick vor ihrem inneren Auge eine goldene Stadt.

»Ich habe dich gewarnt, dass nicht alles hier auf der Erde angenehm ist. Aber die meisten deiner Gaben hast du noch. Du bist nicht allein. Jetzt ist die Zeit zu wachsen, bis du voller Farbe und Süße bist.«

Sie öffnete das Fenster. »Hören Sie die Vögel singen. Ich liebe ihren Gesang. Manchmal singe ich mit ihnen gemeinsam.« Sie sah ihn an und lächelte wie ein junges Mädchen.

Die Schatten-menschen

Lieben heißt Sterne verschenken. Mein Stern geht auf.

Dreimal in der Woche, immer am Abend, öffnete der Professor sein Schattenreich, wie er es selbst nannte. Dort gab es etwas zu essen, und manchmal hatte er eine Partie Schuhe oder Schlafsäcke für seine Schützlinge besorgen können.

Keiner wusste so recht, was der Professor tagsüber tat. Der Titel »Professor« wurde ihm von den Schattenmenschen verliehen, die ehrfurchtsvoll zu ihrem Wohltäter aufblickten. Er war sehr gut organisiert und schaffte es immer wieder, Männer und Frauen zu finden, die ihm bei der Essensausgabe halfen. Er sah immer sehr ernst aus und ein wenig gedrückt, weil er die Last der ganzen Welt auf seinen Schultern trug.

Manchmal schlenderte Patricia an seinem »Restaurant« vorbei. Im Sommer, wenn die Tische draußen standen, erblickte der Professor die junge Frau meistens schon von Weitem und lief auf sie zu. »Patricia, meine teure Feuerfrau, ich brauche unbedingt deine Hilfe. Du hast doch abends nichts zu tun. Komm mit in die Küche und stell dich zu uns ans Herdfeuer!« Dabei verzog er kurz den Mund und war sichtlich stolz über seine feurige Anspielung. Aber Patricia lachte ihm nur zu und ging fröhlich weiter.

Alle wussten, dass sie abends oft am Feuer bei der alten Hütte saß. Sie liebte es, in die Flammen zu blicken und zu träumen. Wer sie dort einmal erlebt hatte, wusste genau, warum sie überall die Feuerfrau genannt wurde.

Eines Abends zog der Professor zum ersten Mal selbst hinaus ans Lagerfeuer. Er setzte sich neben Patricia und schwieg. Sie sah ihn lange an. Sie sah das Feuer und den Schatten in seinem Gesicht. »Willkommen, Professor! Schön, dass du dir auch einmal Zeit nimmst für einen Besuch hier draußen am Lagerfeuer. Es wird dir guttun.«

Der Professor verzog kurz das Gesicht. »Das glaube ich eher nicht. Du sitzt hier untätig herum und blickst ins Feuer. Dabei benötige ich für die Schattenmenschen unbedingt deine Hilfe.«

Er sah sie von der Seite an. Sie lächelte so, wie er es von ihr kannte. Er spürte, wie der Ärger in ihm hochstieg. »Was tust du überhaupt hier draußen? Immer nur am Feuer herumsitzen?«

Sie lächelte wieder. Seine Kritik an ihrem Müßiggang schien sie in keiner Weise zu stören. »Professor, ich liebe es hier draußen. Ich liebe die Flammen und die Glut. Und ich liebe die Stille.«

Er zuckte kurz zusammen. »Du bist hier am liebsten allein, oder täusche ich mich?«

Jetzt lachte sie laut. »Nein, nein, ich freue mich immer über Besuch. Hier am Feuer sind schon unzählige ernste und fröhliche Gespräche geführt worden. Manchmal bringt jemand eine Gitarre mit und wir singen. Oder wir tanzen um das Feuer herum.«

Er schüttelte den Kopf. »Also ich glaube, so ein nächtlicher Tanz am Feuer wäre nichts für mich. Aber du bist ja auch die Feuerfrau, zu dir passt das wohl. Nur vergiss nie, dass die Schattenmenschen dich bei mir im Restaurant brauchen.«

Sie legte ein Stück Holz nach. »Übrigens, einige deiner Schattenmenschen sind auch schon bei mir gewesen. Das waren oft die besten Gespräche und die wildesten Tänze.«

Der Professor stand auf. Er sah müde und enttäuscht aus. »Bei dir sitzen sie mit knurrendem Magen am Feuer.«

Er ging langsam hinüber zur Straße. Dann drehte er sich noch einmal um und rief mit lauter Stimme: »Schade, Patricia! Das ist so schade!«

Zwei Wochen später stand der Professor an seinen Tischen und wartete auf die Schattenmenschen. Aber niemand kam. Außer zwei älteren Damen, die zum Helfen hier waren, war niemand zu sehen. Er fragte verwundert: »Was ist denn heute los? Wo sind die Gäste?« Die beiden antworteten erstaunt: »Weißt du denn nicht, dass heute Tanz am Lagerfeuer ist? Die sind bestimmt alle bei Patricia!«

Der Professor blickte sie grimmig an. In seinen Augen blitzte es. »Will sie uns jetzt die Gäste weglocken? Das ist unerhört! Wartet ihr hier, falls noch jemand kommt. Ich laufe hinüber und sage ihr ordentlich die Meinung!«

Die beiden Frauen warteten am Restaurant auf seine Rückkehr. Doch er kam nicht. Langsam machten sie sich Sorgen. Nach zwei Stunden entschlossen sie sich, ihn zu suchen, und zogen los zum Feuer an der Hütte.

Als sie dort ankamen, trauten sie ihren Augen nicht. Eine große Menge Menschen tanzte ausgelassen am Feuer. Viele kannten sie von der Essensausgabe. Die Flammen loderten hoch empor. Rotes Licht und lange Schatten tanzten mit. In der Mitte sahen sie den Professor, der fröhlich mit den Armen wedelte. Als sie bei ihm angekommen waren, rief er laut: »So, ihr dürft mittanzen! Jetzt kommt endlich mal etwas Feuer in unser Schattenreich!«

Die grüne Pforte

**In jedem Auge leuchtet der Himmel.
Der Himmel leuchtet in mir.**

Sie hatten sich an der grünen Bank verabredet, direkt vor der Stadtmauer. Elisabeth wollte sich dort um vier Uhr mit ihrem Bruder treffen. Sie schaute auf die Uhr. Es war noch eine halbe Stunde Zeit. Sie blickte zur Bank, deren Farbe bereits blätterte. Sie setzte sich. Ein Augenblick nachdenken würde ihr guttun.

Die alte Feldsteinmauer, auf die ihr Blick fiel, passte gut zu ihrer Stimmung. Sie mochte nicht an die Zukunft denken und kehrte immer wieder in die alten Zeiten zurück. Ihre Ehe war vor zwei Jahren zerbrochen. Seitdem lebte sie sehr zurückgezogen.

Elisabeth schloss die Augen. Sie fühlte sich müde und kraftlos. Ein leichter Wind kühlte ihr Gesicht. Ihr kam es vor, als hätte der Wind sich geirrt und wollte eigentlich jemand anderen kühlen und zärtlich streicheln. Sie war für niemanden wichtig. Sie war für niemanden attraktiv. Sie hatte keine Zukunft.

Sie öffnete die Augen. »Ganz schön düster und schwermütig komme ich mir vor«, sagte sie leise mit einem bitteren

Lächeln. Fröhliche Spaziergänger zogen an ihrer Bank vorbei. Sehnsüchtig blickte sie ihnen nach. Sie tat sich leid. Wieder schloss sie die Augen und gab sich ihren Gedanken hin.

Einige Minuten später fiel ihr Blick wieder auf die alte Mauer. Eine Pforte darin war einen kleinen Spalt weit offen. »Die habe ich vorhin gar nicht bemerkt«, stellte sie überrascht fest. Ob sie die Pforte öffnen und auf Entdeckungstour gehen sollte? »Das ist bestimmt verboten!« Doch das Abenteuer lockte.

Die Pforte hatte dieselbe Farbe wie die Bank, auf der sie bis eben gesessen hatte. Als sie hindurchschritt, kam es ihr vor, als würde sie eine andere Welt betreten. Sie stand in einem märchenhaften, kleinen Garten. Staunend ging sie voran und erfreute sich an herrlichen Blumen und Büschen. Am Ende des Gartens war ein großes Bild mit einem prächtigen goldenen Rahmen aufgestellt. Es zeigte eine wunderschöne Frau mit langen dunklen Haaren und einem bezaubernden, geheimnisvollen Lächeln. Davor und daneben blühten zahlreiche rote Rosen, die das Bild anmutig und zärtlich umspielten.

Ein alter Gärtner arbeitete im Garten mit einer Harke und blickte immer wieder versonnen zu dem Bild der schönen Frau. Ein junges Mädchen kam dazu mit einer großen Gießkanne. »Die brauchen jetzt viel Wasser, damit sie nicht vertrocknen.« Elisabeth blickte die junge Frau fasziniert an. Sie hatte Ähnlichkeit mit der Frau auf dem Bild. Irgendwie kam sie Elisabeth sehr vertraut vor.

Dann kamen zwei junge Männer mit Tüchern. Sie putzten und polierten den Goldrahmen, bis er noch mehr glänzte als vorher. »Das ist hier unser größter Schatz im Garten«, sagten sie zu der Besucherin.

Elisabeth blickte wieder voller Faszination zu dem großen Bild. Das geheimnisvolle Lächeln ließ sie nicht mehr los. Sie fühlte sich fast benommen von der Schönheit dieser Frau und von dem verführerischen Duft der Rosen.

Einige Zeit später saß Elisabeth wieder vor der Mauer auf ihrer Bank. Sie schaute neben sich. Die Farbe blätterte immer noch, aber das störte sie nicht. Sie stand in Gedanken immer noch vor dem Bild der Frau mit dem geheimnisvollen Lächeln.

Plötzlich hörte sie eine vertraute Stimme. »Hallo, Elli, träumst du?« Ihr Bruder stand da und nahm sie zur Begrüßung in den Arm. Dann blickte er sie überrascht an. »Was ist mit dir? Du strahlst gerade wie ein verliebtes junges Mädchen.«

Er nahm sie noch einmal in den Arm. »Es scheint dir ja richtig gut zu gehen. Übrigens, das geheimnisvolle Lächeln jetzt, das steht dir richtig gut!«

Sie hakte sich bei ihm ein. »Komm, lass uns einen Spaziergang machen. Ich muss dir etwas erzählen. Vorhin stand ich zwischen lauter roten Rosen ...«

Zimmer frei

Öffne die Fenster deiner Seele. Meine Seele ist frei.

Doctor Stone lebte seit Jahren allein in seiner riesigen, alten Stadtwohnung. In einem der zahlreichen Zimmer waren seine Bücher untergebracht. An allen Wänden dort standen raumhohe Regale. Die unzähligen Buchrücken erfreuten ihn jeden Tag. Er liebte seine Bibliothek und vertiefte sich oft in seine Schätze. Zwei der Zimmer blieben leer. Er hatte keine Verwendung für sie.

Doctor Stone lebte sehr diszipliniert. Er arbeitete oft bis spät in die Nacht. Er war ein anerkannter Spezialist für altslawische Sprachen und sein Rat wurde von Universitäten, Akademien und Instituten in vielen Ländern gesucht. Er lebte für seinen Beruf und für die Wissenschaft.

Eines Abends war er zu Besuch bei einem Ehepaar, mit dem er gut befreundet war. Greg blickte den Freund beim gemeinsamen Dinner immer wieder von der Seite an und runzelte die Stirn. Schließlich konnte er sich nicht mehr zurückhalten. »Du siehst nicht gut aus, mein Lieber. Ich glaube, du bist völlig ausgebrannt. Du brauchst endlich mal einen Ausgleich für deine anspruchsvolle Arbeit. Du lebst viel zu einseitig. Wie wäre es, wenn du ein paar Sportgeräte in eins deiner leeren Zimmer stellen würdest?«

Vivian, seine Frau, kicherte kurz, dann fügte sie schnell hinzu: »In das andere Zimmer könnte ja noch eine Person einziehen. Aber die würdest du sowieso nicht bemerken, weil du immer so vertieft in deine Arbeit bist.« Sie kicherte noch einmal: »Also schlage ich eine unsichtbare Mitbewohnerin vor, die dich ab und zu daran erinnert, dass du lebst.«

Doctor Stone nahm sich den Vorschlag von Greg zu Herzen. Von einer Spezialfirma ließ er eins der beiden Zimmer mit Fitnessgeräten ausstatten. Von Anfang an trainierte er jeden Tag. Jetzt zahlte sich seine Disziplin aus. »Der Sport wird mir guttun.« Er lachte. »Die olympischen Spiele warten auf mich.«

Das andere Zimmer blieb leer. Er hatte weiterhin keine Verwendung dafür. »Eine Mitbewohnerin, das fehlt mir noch! Und wenn, dann soll sie möglichst für immer unsichtbar bleiben!«

Tatsächlich spürte er schon bald erste Veränderungen durch seine Fitnessübungen. Er hatte schnell mehrere Kilo abgenommen und fühlte sich in seinem Körper wohler als bisher. »Gut, dass ich jetzt neben einer Bibliothek auch ein kleines Sportzentrum habe!«, sagte er manchmal und trat noch etwas fester in die Pedale.

Eines Nachts wachte er abrupt auf. Ihm war, als hätte ihn jemand zärtlich gestreichelt und dabei geflüstert: »Ich bin auch noch da. Ich will mit dir lachen und tanzen.«

Er blickte zum Fenster. Es war einen Spalt weit geöffnet, um kühle Luft hereinzulassen. »Es war der Wind«, beruhigte er sich. Trotzdem schlurfte er noch hinüber zum leeren Zimmer. Niemand war dort. Ihm fielen die Worte von Vivian ein, die von einer unsichtbaren Mitbewohnerin gesprochen hatte. Ärgerlich schüttelte er den Kopf und legte sich wieder ins Bett.

In der nächsten Nacht hörte er wieder das Flüstern. »Ich will lachen und tanzen. Ich habe solche Sehnsucht, endlich zu leben.«

Ein paar Tage später rief er Vivian an und erzählte von seinen Erlebnissen. Sie schien gar nicht erstaunt zu sein. »Ich wundere mich, dass du sie erst jetzt gehört hast. Das leere Zimmer bei dir ist gar nicht leer.«

Nach dem Gespräch war er sehr aufgewühlt. Er nahm einen Stuhl und stellte ihn in das leere Zimmer. »Jetzt ist es nicht mehr leer«, sagte er mit einem leicht sarkastischen Unterton. Dann setzte er sich auf den Stuhl, schloss die Augen und lauschte in den Raum. Er hörte nichts! Nach ein paar Minuten stand er enttäuscht auf und ging langsam hinaus. Den Stuhl ließ er dort.

Doch am nächsten Tag kam er wieder ins Zimmer. Er fühlte sich von dem Stuhl im leeren Raum angezogen. Er setzte sich und schloss die Augen. Langsam kam er zur Ruhe. Nach zwanzig Minuten stand er auf. Er lächelte versonnen. Er hatte wieder die Stimme gehört. Oder hatte er sich das nur eingebildet?

Die Zeit auf dem Stuhl gehörte schon bald zu seinem festen Tageslauf. Immer wieder schloss er die Augen und kam zur Ruhe. Er spürte seinen Atem und hörte sein Herz klopfen. Immer häufiger spürte er die Sehnsucht, selbst zu lachen und zu tanzen. Manchmal fühlte er deutlich, dass die geheimnisvolle Mitbewohnerin bei ihm war. Doch wenn er die Augen öffnete, war sie verschwunden.

Es war Zeit, wieder einmal die Freunde zu besuchen. Als sie die Wohnungstür öffneten, staunten sie beide. Doctor Stone stand lächelnd mit einem großen, bunten Blumenstrauß in der Tür. »Komm doch herein! Wir hätten dich kaum wiedererkannt. Du siehst so locker und fröhlich aus!«

Als sie beim Essen waren, hielt Vivian es nicht mehr aus. »So, jetzt erzähl mal, was ist passiert? Bist du verliebt?«

Doctor Stone lachte laut. »Ich weiß nicht. Ich gehe jetzt regelmäßig tanzen. Da entdecke ich eine Welt, die ich vorher nicht kannte.«

Vivian fragte neugierig nach: »Gehst du da allein hin oder bringst du jemanden mit?«

Doctor Stone strahlte und sah sehr lebendig aus. »Ich geh allein. Obwohl ich den Eindruck habe, dass meine neue Mitbewohnerin heimlich mittanzt.«

Der heilige Berg

Vertrau dem Licht in dir.
Mein Licht leuchtet.

Einmal im Leben, so sagten es die alten Schriften, sollte jeder Mensch eine Wanderung zum heiligen Berg machen. Es gab weise Männer und weise Frauen, die es sich zur Aufgabe gemacht hatten, die Wanderer auf ihrem Weg dorthin zu begleiteten.

Auch Stefan hatte eines Tages gespürt, dass es für ihn Zeit war, die heilige Wanderung anzutreten. Er hoffte, unterwegs etwas über die wichtigsten Geheimnisse des Lebens zu erfahren. Dabei dachte er vor allem an seinen eigenen Lebensweg, der ihm in letzter Zeit zunehmend schwerfiel. Ihm fehlten oft die Kraft und der Mut, das Vertrauen und die Begeisterung.

Stefan fand einen alten weisen Mann, der mit ihm ging. Sie hatten kein Gepäck dabei und kamen so gut voran. Nach einigen Stunden auf staubigen Wegen sahen sie vor sich einen prächtigen Gutshof. »Wem gehört dieser Hof?«, fragte Stefan aufgeregt.

Der weise Mann zeigte nach Süden und Osten, Norden und Westen. »Alles, was du siehst, gehört dem reichen

Gutsherrn. Er arbeitet hart und lässt viele Menschen für sich arbeiten. Aber er ist niemals zufrieden. Der Reichtum hat ihn nicht glücklich gemacht.«

Sie gingen weiter. Nach ein paar Metern blieb der weise Mann stehen und fügte noch einen Satz hinzu: »Er ist noch niemals auf dem heiligen Berg gewesen.«

Am nächsten Tag kamen sie an einer kleinen Bauernkate vorbei. »Wem gehört diese armselige Hütte?«, fragte Stefan mit einem etwas abschätzigen Unterton.

Der weise Mann zeigte auf ein kleines Feld und ein winziges Wäldchen. »Hier lebt ein Bauer, der sehr fleißig ist und hart arbeitet. Aber er ist unzufrieden mit sich, weil er nicht noch härter arbeitet und weil sich die Nachbarn über seinen kleinen Hof lustig machen. Wenn der Gutsherr hier vorbeireitet, verbeugt sich der Bauer tief und fühlt sich dabei klein und schwach.«

Sie gingen weiter. Nach ein paar Metern blieb der weise Mann stehen und fügte noch einen Satz hinzu: »Er ist noch niemals auf dem heiligen Berg gewesen.«

Am nächsten Tag zeigte der weise Mann auf einen Berg in der Ferne. »Das ist der heilige Berg. Ich schätze, morgen haben wir unser Ziel erreicht.«

Als Stefan den heiligen Berg sah, lief er vor lauter Aufregung schneller. Doch sein Begleiter ging weiter wie zuvor. »Wir haben unser Tempo gefunden, das behalten wir bei.«

Da kamen ihnen zwei Frauen entgegen. Die eine war sehr alt. Sie grüßte und blickte die beiden Männer freundlich an. Die andere sah deutlich jünger aus. Ihr Strahlen beeindruckte Stefan. Er fragte den weisen Mann: »Wer ist diese Frau?«

Er antwortete lächelnd: »Ich kenne sie nicht.«

Sie gingen weiter. Nach ein paar Metern blieb der weise Mann stehen und fügte noch einen Satz hinzu: »Sie ist gerade auf dem heiligen Berg gewesen.«

Am nächsten Tag standen sie erschöpft, aber glücklich am Fuße des Berges. »Jetzt folgt noch etwas Anstrengung, die sich lohnt.« Stefan ging erwartungsvoll an seiner Seite.

Als sie oben angekommen waren, erwartete sie ein warmes, helles Licht. Es zog Stefan sofort in seinen Bann. Er näherte sich dem Licht vorsichtig, dann fragte er seinen Begleiter: »Was ist das für ein wunderbares Licht?«

Der sagte feierlich: »Dieses Licht schenkt Kraft und Mut, Vertrauen und Begeisterung. Seinem Eigentümer gehört die ganze Welt.« Dabei zeigte er nach Süden und Osten, Norden und Westen.

Aufgeregt fragte Stefan: »Jetzt sag schon, wem gehört dieses wunderbare Licht?«

Der Weise blickte ihm liebevoll in die Augen. »Hast du es noch nicht verstanden? Es ist dein Licht, das nur darauf wartet, für dich zu leuchten.«

Goldene Sterne

Über allem strahlt die Liebe.
Meine Liebe strahlt aus.

Solange Stella sich erinnern konnte, liebte sie den Sternhimmel. Stundenlang konnte sie nachts aus dem Fenster blicken, nach oben schauen und träumen. Die Sterne waren für sie wie ferne Sehnsuchtsorte, die voller Liebe waren und ihr ein Gefühl von Heimat gaben.

Dann kam die Nacht der goldenen Sterne. Wie ein Lauffeuer hatte sich die seltsame Nachricht verbreitet: »Heute Nacht wird es Sterne regnen, lauter goldene Sterne!« Keiner wusste, woher die Information stammte. Aber die Aufregung war groß. Niemand wollte in dieser Nacht schlafen. Alle liefen hinaus und warteten aufgeregt auf das besondere Naturschauspiel.

Auch Stella und ihre Freundinnen wollten sich das Erlebnis nicht entgehen lassen. So ganz trauten die jungen Mädchen der Sache jedoch nicht. »Vielleicht will sich jemand nur über uns lustig machen mit der Nachricht?«, warf Stella fragend in die Runde. Die Antwort kam sofort: »Dann haben wir trotzdem unseren Spaß. Oder gerade!« Irgendwie kam ihnen die Aufregung und der Goldrausch sehr schräg vor.

Um Mitternacht waren plötzlich ein goldenes Blitzen und ein silbernes Blinken am Himmel zu sehen. »Gleich ist es so weit«, riefen einige.

Dann fielen die ersten goldenen Sterne. Sofort begann ein großes Gedränge. Einige hatten bereits nach kurzer Zeit etliche von ihnen eingesammelt. Die goldenen Sterne waren wunderschön. Schnell waren die ersten Taschen gefüllt. Und der goldene Regen hörte gar nicht mehr auf. Es war wie ein zauberhafter Traum!

Plötzlich waren Rufe zu hören. »Wer hat meine Sterne gestohlen?«, hallte es durch die Nacht. »Sie sind verschwunden!«, tönte aus einer anderen Richtung. »Sie lösen sich alle in Luft auf!«, kam es zurück.

Es dauerte nicht lange, bis alle erkannt hatten, dass die goldenen Sterne nicht lange haltbar waren. Wer einen Stern eine Minute in der Hand hielt, konnte miterleben, wie er sich langsam auflöste. Und die gefüllten Taschen waren alle wieder leer. Enttäuscht machten sich die meisten auf den Heimweg.

Stella, die das himmlische Schauspiel genossen und auch fröhlich Sterne gesammelt hatte, sah kein bisschen enttäuscht aus. Strahlend stand sie zwischen den anderen. Ihre Augen waren immer noch zum nächtlichen Himmel gerichtet. Ihre Freundinnen sahen sie fragend an. Stella strahlte immer noch. »Habt ihr gespürt, wie warm und gut sich die Sterne angefühlt haben? Ich glaube, es sind ganz besondere Sterne, die gerade vom Himmel gefallen sind.

Wisst Ihr was? Für mich sind es Grüße von ganz oben. Für mich sind es Liebessterne.«

Einige schüttelten ungläubig den Kopf. Doch Stella erzählte weiter. »Und noch etwas: Ich glaube, die Liebessterne sind gar nicht verschwunden. Sie sind nur unsichtbar geworden.«

Sie wandte sich zu einem der Mädchen und gab ihm die Hand. »Hier ist ein unsichtbarer Liebesstern für dich. Spürst du ihn?«

Das Mädchen zuckte kurz zusammen, dann strahlte es über das ganze Gesicht. »Was für ein sonderbares Gefühl! Es ist so warm und so angenehm und geht direkt ins Herz.«

Jetzt waren auch die anderen neugierig geworden. »Bitte schenk mir auch einen Liebesstern!«

Sie begannen sich gegenseitig ihre unsichtbaren Sterne zu schenken. Die zeigten jedes Mal dieselbe Wirkung: Die Beschenkten spürten die Wärme und Liebe bis ins Herz.

Die unsichtbaren Sterne gibt es auch heute noch in großer Zahl. Die Taschen sind immer noch voll. Man sagt sogar, es werden täglich mehr. Stella und ihre Freundinnen verschenken ihre Liebessterne immer noch. Stella ist sogar fest davon überzeugt, dass diese Sterne das größte Geschenk sind, das wir uns gegenseitig machen können.

Hörst du die Musik?

Alles Leben ist ein Tanz.
Ich tanze mein Leben.

»In letzter Zeit wird mir alles zu viel«, sagte Luisa kürzlich völlig niedergeschlagen zu ihrer besten Freundin. »Ich kann mich gar nicht mehr richtig über etwas freuen.«

Luisa hatte einen Mann, den sie liebte. Er war manchmal etwas kränklich. Deshalb hatte sie große Angst um ihn. »Einer muss schließlich für ihn sorgen. Das ist meine Aufgabe.« Sie saß ernst und blass da, wenn sie bei ihm war und seine Hand streichelte.

Sie hatte einen interessanten Job. Doch wenn sie an die Arbeit dachte, sah sie nur Berge von unerledigten Anfragen vor sich. Sie fühlte sich überfordert. Freude an der Arbeit hatte sie nicht mehr.

Luisa besaß einen wunderschönen Garten. Doch sie sah nur das Unkraut und die Schädlinge. Genießen konnte sie den Garten schon lange nicht mehr.

Sie hatte eine Tochter und zwei Enkelkinder, die sie alle sehr liebte. Da die Tochter viel zu tun hatte, half Luisa mehrmals in der Woche im Haushalt und sorgte für die Kleinen. Aber die Besuche dort waren immer mehr zur

Last geworden. Luisa hatte ihr Lachen und ihre Leichtigkeit verloren.

Eines Tages sagte ihre Ärztin: »So geht das nicht mehr weiter mit ihnen. Sie können sich ja kaum noch auf den Beinen halten. Es ist höchste Zeit für eine Kur.«

»Das geht nicht!«, antwortete Luisa traurig. Dabei dachte sie an ihren Mann, an die Arbeit, den Garten und die Familie der Tochter.

Doch die Ärztin bestand auf einer Auszeit für Luisa und ließ keine Ausflüchte zu.

Es war ein schöner, romantischer Ort, in dem Luisa ihre Kur antrat. Der Arzt bekam einen ordentlichen Schreck, als er mit der Untersuchung begann. »Ich gebe Ihnen erst einmal eine Spritze. Sie werden dann eine Zeitlang fest schlafen ...«

Als sie wieder aufwachte, ging es ihr viel besser. Sie fühlte sich um Jahre jünger. Eine bunt gekleidete Schwester führte sie hinaus in den Garten. »Viel Spaß!«, verabschiedete sie sich fröhlich.

Luisa sah ihr nach. »Viel Spaß? Wobei soll ich Spaß haben?« Sie schüttelte lächelnd den Kopf über die Kleidung der Schwester. »Na ja, die scheint auf jeden Fall Spaß zu haben.«

Luisa nahm sich viel Zeit, den Garten zu betrachten. Es war ein kleines Paradies, in dem es an allen Ecken blühte. Gerade als sie aus alter Gewohnheit nach Unkraut Ausschau hielt, kam ein Gärtner mit einer Schubkarre. »Sie sind neu hier?«, fragte er freundlich. »Ist das nicht ein herrlicher Garten? Ich freue mich so, dass ich hier gärtnern darf und mich am Garten erfreuen kann.«

Fröhlich zog er mit seiner Schubkarre weiter. Es sah fast aus, als würde er sich nach einer beschwingten Melodie bewegen, die sie nicht hören konnte, weil sie in einer anderen Frequenz gespielt wurde.

Ein junger Mann mit langen dunklen Haaren stand plötzlich neben ihr. »Herzlich willkommen! Ich kann mir vorstellen, dass Sie gern etwas trinken möchten. Haben Sie einen bestimmten Wunsch?«

Luisa sah ihn mit großen Augen an. »Das ist sehr freundlich. Aber es macht Ihnen doch bestimmt unnötig Arbeit, das Getränk vom Haus in den Garten zu tragen!«

Er lächelte verständnisvoll. »Das Wort Arbeit werden Sie bei uns nur selten hören. Ich freue mich, wenn ich Ihnen eine Erfrischung bringen kann und wenn Sie zufrieden sind.« Er drehte sich geschmeidig um und war kurze Zeit später irgendwo hinter den Blumen und Büschen verschwunden.

»Wo bin ich hier nur gelandet?«, fragte sie sich verwirrt. »So viel Lebensfreude habe ich bisher noch nirgends erlebt.

Sie blickte hinüber zu dem kleinen Brunnen. Das Plätschern hatte sie schon die ganze Zeit fasziniert. Daneben stand eine Frau etwa in ihrem Alter und schaute konzentriert in das sprudelnde Wasser.

Luisa ging langsam zu ihr. »Was für ein schöner Ort! Arbeiten Sie, ich meine, sind Sie auch hier beschäftigt?«

Die Fremde blickte schmunzelnd auf. »Nein, ich bin hier Gast, nur für einen kurzen Augenblick.«

»Sonderbar!«, dachte Luisa. Dann sah sie die Frau an. »Wissen Sie etwas über die Klinik und ihr Programm?«

»Nein«, antworte die Frau. Geheimnisvoll fügte sie hinzu: »Ich weiß nur etwas über Sie?«

Luisa schluckte und sagte nichts.

Die Frau sah zu den Blumen, dann hinauf zu den Wolken und schließlich zum Brunnen. »Hören Sie die Musik? Es hört sich an, als würde sie zum Tanz einladen.«

Luisa lauschte in alle Richtungen. Enttäuscht antwortete sie: »Nein. Ich höre nur den Wind in den Blumen und Büschen und das leise Plätschern des Wassers.«

Die Frau nickte. »Das ist doch schon ein guter Anfang. Dann werden Sie bald auch die Musik hören.« Luisas Gesicht war vor Aufregung leicht gerötet. »Was ist das für eine Musik? Wer kann sie hören? Und wer macht die Musik?«

Die Frau zeigte zu den Blumen, dann hinauf zu den Wolken und schließlich zum Brunnen. »Das ist die Musik des Lebens. Sie ist beschwingt und himmlisch zugleich. Die bunte Schwester vorhin liebt diese Musik, der Gärtner tanzt zu ihr, und Pedro mit den langen schwarzen Haaren singt am liebsten laut mit.«

»Wird hier denn nur Musik gehört und getanzt?«, fragte Luisa besorgt und auch ein wenig belustigt nach. »Wer macht dann die ganze Arbeit?«

Die Frau blickte sie liebevoll an. »Frag deine Seele, die weiß es genau. Die Musik des Lebens schenkt dir Liebe, Lachen und Gelassenheit – egal, was du tust.«

Nach diesen Worten drehte sie sich ein paarmal anmutig im Kreis und war verschwunden.

»Hallo, hören Sie mich? Sie können wieder aufwachen! Sie haben lange genug geschlafen.« Luisa rieb sich verdutzt die Augen.

»Wir wollen doch mit dem Programm beginnen.« Luisa legte das Blatt mit dem Tagesprogramm sofort zur Seite. »Ich finde, wir fangen gleich an zu tanzen.«

Teil 3

Mit Körper und Seele in Bewegung kommen

Die bewegte Sieben

Weiter geht's!

Das Geheimnis der »bewegten Sieben« ist, dass wir die sieben Goldenen Worte mit Bewegung, Atem und Stimme verknüpfen. Wir erleben ein Zusammenspiel von Körper, Seele und Geist. Es geht bei den Bewegungen nicht um Leistungssport. Gehen Sie nicht an Ihre Grenze! Wenn ein Schmerzgefühl entsteht, verliert die »bewegte Sieben« ihre Wirksamkeit. Freuen Sie sich auf feine, freie und natürliche Bewegungen.

Einstieg: Los geht's

Suchen Sie sich möglichst einen ruhigen Raum. Vielleicht mögen Sie die Schuhe ausziehen. Stellen Sie sich locker hin, die Füße ein oder zwei Handbreit auseinander.

Spüren Sie den Kontakt der Füße mit dem Boden, der Sie trägt und hält. Achten Sie darauf, dass die Knie locker und nicht durchgedrückt sind. Spüren Sie Ihre Wirbelsäule und entspannen Sie Ihre Schultern. Die Arme hängen locker herunter.

Halten Sie den Kopf aufrecht, als würde ein goldener Faden Sie vom Scheitelmittelpunkt aus mit dem Himmel verbinden. Sie spüren, wie der Rücken sich weitet und innerer Raum entsteht.

Sie stehen jetzt verwurzelt mit dem Boden und verbunden mit dem Himmel. Genießen Sie diesen Moment.

Jetzt lassen Sie den Atem dreimal kommen und gehen. Sie müssen nichts dazu tun. Es geht ganz von allein. Bewundern Sie die Schönheit Ihres Atems: Es kommt, es geht, es ruht.

Der Atem fließt in ihrem Körper. Sie spüren den Rhythmus des Lebens. Sie sind lebendig. Die Tür für die sieben Worte ist geöffnet.

Ich sitze oder stehe: Bei Rückenschmerzen oder anderen Einschränkungen können Sie die »bewegte Sieben« auch im Sitzen durchführen.
Ich lasse meine Stimme klingen: Was wir nur »denken« und nicht aussprechen, bleibt unverbindlich. »Schön, dass du da bist!« – nur gedacht – bringt nichts zum Klingen. Bei der »bewegten Sieben« darf es klingen. Wir sprechen die Worte laut und deutlich und zeigen damit, dass wir von den Flügeln nicht nur träumen. »Schenk dir Flügel« ist der Klang unserer Sehnsucht.

Die Übung der bewegten Sieben

Lass dich vom Himmel beschenken.
Ich werde vom Himmel beschenkt.

Lass dich vom Himmel beschenken.
Wir führen die gestreckten Arme langsam seitlich nach oben, bis die Hände sich über dem Kopf leicht berühren.

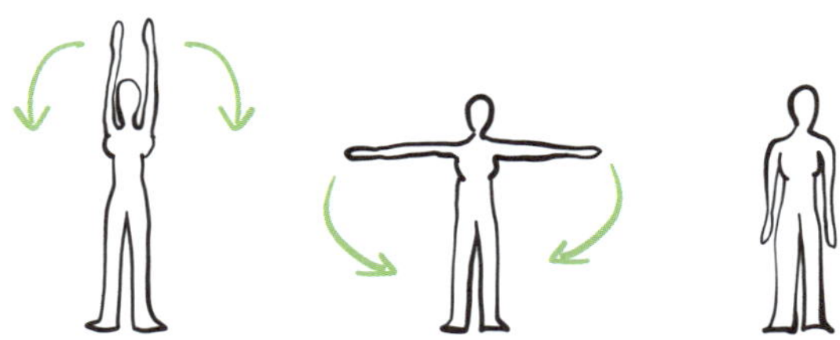

Ich werde vom Himmel beschenkt.
Die gestreckten Arme führen wir langsam wieder nach unten, bis die Fingerspitzen zum Boden zeigen.

Wir können die »bewegte Sieben« je nach Stimmung und Gefühl mit offenen oder geschlossenen Augen durchführen.

DANKBAR

Wieder einmal reich beschenkt.
Die Liebe zum Leben.
Eine Quelle, die sprudelt.
Ein Herz, das schlägt.
Ein neuer Versuch.
Bewahrt und geborgen.
Die Sehnsucht, zu wachsen
und anderen Freude zu bereiten.
Ein kühler Wind auf der Haut.
Wieder einmal reich beschenkt.

Lieben heißt Sterne verschenken.
Mein Stern geht auf.

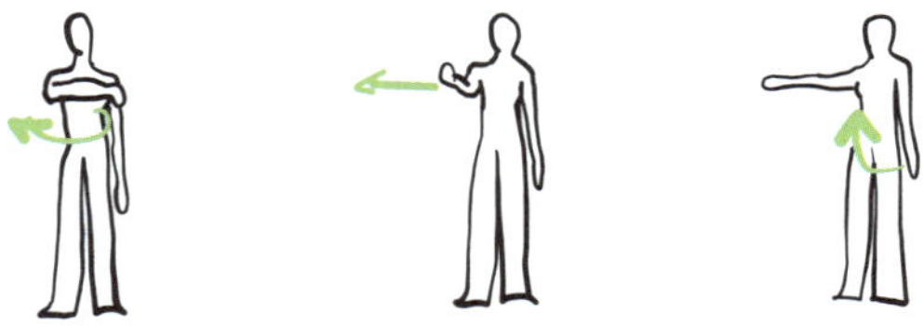

Lieben heißt Sterne verschenken. Wir heben die rechte Hand zur linken Schulter. Dann führen wir die rechte Hand auf Schulterhöhe einladend nach rechts. Der Arm bleibt auf Schulterhöhe leicht gestreckt.

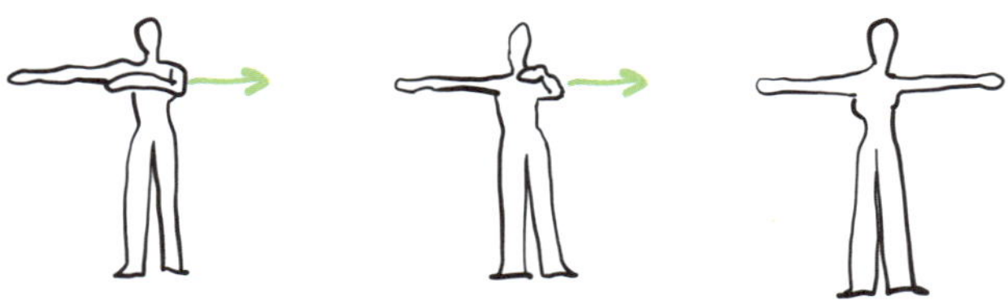

Mein Stern geht auf. Wir heben die linke Hand zur rechten Schulter. Dann führen wir die linke Hand auf Schulterhöhe einladend nach links. Der Arm bleibt auf Schulterhöhe leicht gestreckt.

Durch das regelmäßige Eintauchen in die Bewegungsfolge der »bewegten Sieben« werden die Durchblutung und der Stoffwechsel angeregt. Glückshormone werden ausgeschüttet, das Immunsystem wird gestärkt.

BEGEGNUNG

Alles Leben ist Begegnung.
Ein Teil von dir bleibt stets zurück.
Du gibst und nimmst
und schenkst dich selbst.
Du hast die Taschen voller Sterne
und gibst sie alle wieder her.
Du liebst das Hin- und Her-Gefunkel.
Alles Leben ist Begegnung.

In jedem Auge leuchtet der Himmel.
Der Himmel leuchtet in mir.

In jedem Auge leuchtet der Himmel. Wir strecken die Arme locker nach vorne aus und stellen die Handflächen auf (die Augen blicken also auf die Handrücken). Mit beiden Händen gleichzeitig zeichnen wir zuerst einen kleinen, dann einen großen Kreis. Dann berühren sich die Hände leicht unterhalb des Bauches.

Der Himmel leuchtet in mir. Nun führen wir die locker gestreckten Arme seitlich nach oben, bis die Hände sich über dem Kopf berühren. Dann führen wir die Hände an der Mittellinie des Körpers herab bis zum Nabel. Wir legen die Hände übereinander auf den Bauch.

Bei der »bewegten Sieben« hören wir auf unsere Stimme. Wir öffnen uns. Die Stimme wird freier und gewinnt an Farbe.

DEIN LICHT

Es ist ein wunderschönes Licht,
das hat sich tief in dir versteckt.
Wenn jemand dir ins Auge blickt,
leuchtet ihm dein Licht.
Und auch in mir und auch in euch,
vielleicht genauso tief versteckt,
erkennst du es bestimmt.
Es ist ein wunderschönes Licht.

Öffne die Fenster deiner Seele.
Meine Seele ist frei.

Öffne die Fenster deiner Seele. Wir legen gleichzeitig beide Hände über Kreuz auf die Schultern (also die rechte Hand auf die linke Schulter und umgekehrt). Danach führen wir die Hände an den Schlüsselbeinen entlang zur jeweils anderen Schulter und strecken dann die Arme auf Schulterhöhe ganz aus.

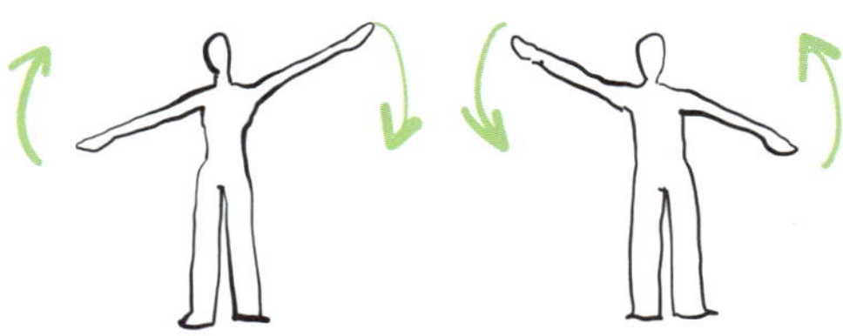

Meine Seele ist frei. Die Arme bleiben locker zur Seite geöffnet und schwingen leicht nach oben und unten, als wären es Flügel.

Ein gesunder Körper tut der Seele gut. Eine gesunde Seele tut dem Körper gut.

FREIHEIT

Hör auf deine Seele.
Sie will dir sagen, was du brauchst.
Sie will dir deinen Weg zeigen.
Sie will, dass du heil und ganz bist.
Sie will mit dir singen und tanzen.
Deshalb öffne die Fenster
und gib ihr die Freiheit.
Hör auf deine Seele.

Vertrau dem Licht in dir.
Mein Licht leuchtet.

Vertrau dem Licht in dir. Die Arme bleiben auf Schulterhöhe locker gestreckt. Wir drehen beide Handflächen nach oben und führen die gestreckten Arme waagerecht nach vorne, bis die Hände sich berühren und eine nach oben offene Schale bilden.

Mein Licht leuchtet. Nun führen wir beide Hände zum Körper. Die linke Hand liegt auf der rechten Hand mit der Handfläche nach oben. Wir nehmen wahr, wie das Licht uns innerlich wärmt und aufrichtet.

Durch das regelmäßige Eintauchen in die »bewegte Sieben« wird unser Selbstvertrauen gestärkt. Wir fühlen uns bei uns geborgen.

DU LEUCHTEST

Spürst du das Licht in dir?
Es will dich wärmen,
wenn du innerlich frierst.
Es will dir die Richtung zeigen,
wenn du nicht weiterweißt.
Es will, dass du selbst leuchtest
und andere wärmst.
Spürst du das Licht in dir?

Über allem strahlt die Liebe. Meine Liebe strahlt aus.

Über allem strahlt die Liebe. Wir heben die rechte Hand zur linken Schulter und führen den Arm in einem großen Bogen über den Kopf zur rechten Seite weiter nach unten, bis die Fingerspitzen zum Boden zeigen.

Meine Liebe strahlt aus. Wir heben die linke Hand zur rechten Schulter und führen den Arm in einem großen Bogen über den Kopf zur linken Seite weiter nach unten, bis die Fingerspitzen zum Boden zeigen.

Bei der »bewegten Sieben« fühlen wir etwas, das größer ist als wir selbst und das uns mit allem Leben verbindet.

LIEBE

Es ist die Liebe,
die unterschiedliche Menschen
zusammenführt und verbindet.
Es ist die Liebe,
die Grenzen überschreitet
und neues Leben ermöglicht.
Es ist die Liebe,
die mir täglich Mut macht,
meinen Mitmenschen zu vertrauen.
Es ist die Liebe.

Alles Leben ist ein Tanz.
Ich tanze mein Leben.

Alles Leben ist ein Tanz.

Wir führen beide Hände zur Körpermitte. Die Hände kreisen vorwärts übereinander nach oben bis über den Kopf. Dann öffnen wir die Arme V-förmig.

Ich tanze mein Leben.

Die Arme bleiben V-förmig locker nach oben gestreckt. Wir drehen uns einmal um uns selbst.

Durch das regelmäßige Eintauchen in die »bewegte Sieben« wird unsere Körperwahrnehmung trainiert. Wir spüren, wenn unser Körper eine Pause braucht. Der Rücken signalisiert: »Ich will jetzt tanzen!«

FLÜGEL

Der Tanz kann beginnen.
Du hörst den Klang der Musik,
der aus deiner Tiefe kommt.
Du spürst den Rhythmus des Lebens,
der dich in Bewegung bringt
und dir Flügel verleiht.
Du lässt alles los,
was dich unnötig schwer macht.
Du öffnest dein Herz.
Der Tanz kann beginnen.

Ausstieg: Wir spüren uns

Wir horchen noch einen Augenblick auf den Nachhall der Stimme. Wir fühlen, wie die gesprochenen Worte und die Bilder der Seele uns umgeben und füllen. Wir spüren unseren Rhythmus des Lebens. Wir sind lebendig.

Wir lassen den Atem dreimal kommen und gehen. Wir müssen nichts dazu tun. Es fließt von allein. Wir bewundern die Schönheit unseres Atems: Es kommt, es geht, es ruht.

Der Atem füllt uns aus. Wir fühlen uns verbunden mit Himmel und Erde und vertrauen unserem Licht.

Vielleicht schenken wir uns jetzt noch eine Minute Stille. Oder wir setzen unsere Wanderung fort, gehen wieder an unseren Arbeitsplatz, machen den Abwasch oder gießen die Blumen, beginnen unseren Tag oder öffnen die Tür zum Büro. Die Sitzung geht weiter, die Veranstaltung beginnt, der Tag geht zu Ende – die »bewegte Sieben« klingt noch lange nach.

Was hat sich verändert? Vielleicht sind wir zur Ruhe gekommen, vielleicht haben wir neue Zuversicht gewonnen, vielleicht lächeln wir, vielleicht fühlen wir uns aufrecht und selbstbewusst, vielleicht kommt uns eine Idee, vielleicht spüren wir neue Lebensfreude, vielleicht ist es in uns ein wenig heller geworden.

Leben mit der »bewegten Sieben«

Nehmen Sie sich täglich Zeit für die »bewegte Sieben«, vielleicht auch mehrmals am Tag. Sie werden bald spüren, wie gut es Ihnen tut.

Wir (Angelika und Rainer) beginnen unseren Tag, direkt vor dem Frühstück, gemeinsam mit der »bewegten Sieben«. Zusätzlich finden wir immer wieder auch andere Gelegenheiten.

Mit der »bewegten Sieben« beginnen

Jemand lernt die »bewegte Sieben« kennen, auf einer Veranstaltung, durch eine gute Freundin, in einer Gemeinde, in einem Impulsseminar, durch dieses Buch oder wie auch immer. Nennen wir diese Person Lisa. Sie wird damit beginnen, die »bewegte Sieben« allein zu Hause durchzuführen und zu erleben. Vielleicht gelingt es ihr, ihren Partner oder eine Freundin zum Mitmachen zu begeistern.

Mit der Zeit stellt Lisa fest, dass es Situationen gibt, in denen die »bewegte Sieben« für sie besonders wichtig ist: Sie arbeitete wieder einmal viel zu lange vor dem Bildschirm. Die Buchstaben und Zahlen beginnen zu tanzen. Die Konzentration lässt rapide nach. Lisa steht auf, öffnet das Fenster und freut sich auf die lebendige Unterbrechung.

Zu Hause herrscht Chaos. Nichts ist zu finden, alles liegt durcheinander. Lisa rauft sich die Haare. Da geht sie hinaus in den Garten, und Augenblicke später beginnt sie lächelnd mit »Lass dich vom Himmel beschenken«.

Lisa hat sich wieder einmal maßlos über ihre Nachbarin geärgert. Sie merkt, wie die Wut in ihr hochsteigt. Sie atmet tief durch – und weiß, dass es Zeit für ihr kleines Ritual ist.

Lisa fühlt sich antriebslos und ausgelaugt, sie zweifelt an sich selbst, in ihrem Kopf dreht sich das Gedankenkarussell – egal, wo das Problem liegt, sie lächelt, stellt sich ins Wohnzimmer oder in den Park, lässt den Atem kommen und, na, Sie wissen schon.

Lisa hat ein paar Freundinnen zum Geburtstag eingeladen. Vor dem Kaffeetrinken steht sie auf, zögert kurz, dann sagt sie mutig: »Kennt ihr die ›bewegte Sieben‹? Sie ist für mich im vergangenen Jahr sehr wichtig geworden. Jetzt lade ich euch dazu ein. Stellt euch locker hin und entspannt die Schultern. Ich mache es gleich einmal vor ...«

Eine der Freundinnen ist so begeistert, dass sie aufgeregt fragt: »Lisa, du bist doch auch bei der Sitzung in der nächsten Woche. Wenn die sich wieder so in die Länge zieht, sollten wir unbedingt eine Pause mit der ›bewegten Sieben‹ machen. Hilfst du uns dabei?«

Besondere Orte

Irgendwann fingen wir an, die »bewegte Sieben« an ungewöhnlichen Orten zu »feiern«. Es begann damit, dass wir uns bei einer langen Wanderung im Wald anblickten, lächelten – und sofort wussten, dass uns ein neues Abenteuer erwartete. »Warum nicht hier mitten im Wald?«, fragten wir und gaben uns sofort die Antwort, indem wir den Atem kommen ließen …

Es war ein fantastisches Erlebnis – es knisterte im Unterholz, die Vögel zwitscherten, und wir waren der Natur und dem Leben so nahe wie sonst selten. Wir fühlten und rochen und hörten. Es tanzte und klang und atmete. Die Waldluft erfüllte uns. »Lass dich vom Himmel beschenken.« Und wir wurden reich beschenkt.

Wir erinnern uns gern an einen Abstecher in die alte Kirche abseits der Hauptstraße. Wir waren die einzigen Besucher und spürten sofort, dass dies ein kraftvoller Ort war. Wieder blickten wir uns verschworen an – und schon bewegten wir uns. »Vertrau dem Licht in dir.« Uns war, als würde das Licht von innen und außen leuchten, in uns und um uns herum.

Ein anderes Mal wurden wir auf einem längeren Spaziergang von einem kräftigen Regen überrascht. Weit und breit war kein Unterstand zu sehen. Als wir gerade das große Klagelied anstimmen wollten, lächelten wir uns verwegen zu, und so erlebten wir zum ersten Mal die »bewegte Sieben« bei strömendem Regen. Als wir dem Nass ein trotziges »Alles Leben ist ein Tanz« entgegenriefen, drehten wir uns schon im Kreis und begannen einen zünftigen Regentanz.

Wir erleben die »bewegte Sieben« an jedem neuen Ort und in jeder Stimmung anders. Bei Sonnenaufgang am Meer, nach einer langen Wanderung in der Burgruine oder oben am Gipfelkreuz, an einer sprudelnden Quelle oder im Weinberg – wir machen dabei stets neue, tiefe Erfahrungen. Aber keine Sorge: Wir nehmen nicht teil am großen Wettbewerb, wer die »bewegte Sieben« an den ungewöhnlichsten, exotischten Orten erlebt hat.

»Ist es euch nicht peinlich, wenn ihr bei der ›bewegten Sieben‹ beobachtet werdet?«, ist eine verständliche Frage. Wir stellen uns natürlich nicht mitten auf den Marktplatz und heben die Arme. Schließlich sind wir gerade sehr verletzlich, wenn wir unser Herz weit geöffnet haben, und suchen uns gern einen geschützten Ort. Wir wollen auch anderen niemals etwas aufdrängen oder sie unnötig verwirren. Aber mal ehrlich: Menschen tun heutzutage mit großer Selbstverständlichkeit Dinge, die uns äußerst schräg erscheinen. Also keine Angst, belächelt zu werden!

Es gibt Orte, die für uns persönlich eine besondere Bedeutung haben: die Straße, in der wir als Kind gespielt haben, der Ort unserer ersten großen Liebe, das Haus, in dem uns tiefe Wunden zugefügt wurden, das Grab der Eltern oder eines guten Freundes. Wir haben erlebt, dass wir gerade hier durch die »bewegte Sieben« beschenkt und tief berührt wurden. Wir erfahren Trost und eine tiefe Verbindung, und manchmal spüren wir Heilung und ein befreiendes Lächeln.

Dabei geht es niemals um eine Mutprobe, sondern darum, zu unseren Quellen zu gelangen und uns zu vergewissern, dass es in uns hell leuchtet.

Bewegung, Atem, Stimme

Bei der Entwicklung der »bewegten Sieben« kamen wir viele Male an den Punkt, dass nichts mehr ging. Wir kamen nicht weiter. Wir waren blockiert.

Dann half nur eins: Wir machten uns auf zu einem ausgedehnten Spaziergang. Bald spürten wir wieder unseren Körper, der Atem floss, die Stimmung stieg. Wir konnten mit neuer Freude und Energie weitermachen.

Bewegung Es ist schon erstaunlich, wie lange wir normalerweise still und völlig unbeweglich sitzen können! Meistens sind wir sogar sehr stolz darauf. Wir denken und kalkulieren und texten und verbuchen und vergessen darüber sogar, zu trinken und uns zu bewegen. Die Signale unseres Körpers überhören wir konsequent.

Dabei sind wir alle als Babys geboren, die sich bewegen und wachsen wollen und jede Bewegung genießen. Kennen Sie diese kindliche Freude noch in Ihrem Leben, die Freude über jede Drehung und jeden Schritt? Spüren Sie noch die Freude darüber, dass Sie klettern und springen, laufen und hüpfen können?

Spätestens in der Schule wurde uns die Bewegung abtrainiert und verboten. Wir lernten stundenlang zu sitzen, um denken, kalkulieren, texten und verbuchen zu können. Für die Bewegung gab es zwei Stunden in der Woche, für die Gefühle gar keine.

Zum Glück meldet sich unsere Seele regelmäßig, um uns wieder in Bewegung zu bringen. Sie verfolgt zwei Strategien. Die eine tut gut und die andere tut weh.

Die erste Strategie: Die Seele macht uns Lust auf Bewegung. Sie lässt unser Herz schneller schlagen, wenn wir die alten Laufschuhe sehen. »Ich könnte ja mal wieder!« Oder sie schenkt uns verlockende Bilder vom Volkslauf um den See, an dem unsere Freundinnen ebenfalls teilnehmen.

Die zweite Strategie: Die Seele schickt uns Schmerzen. Wie gesagt, das tut weh. Die Schultern sind verspannt, der Rücken schmerzt. Der Kopf dröhnt. Die Beine schlafen ein. Es ist höchste Zeit, eine Runde im Park zu drehen.

Bei der »bewegten Sieben« geht es darum, die gesprochenen Worte mit Bewegungen zu verbinden. Die Bewegungsfolge ist so komponiert, dass wir uns nicht übernehmen, sondern ein Wohlgefühl erleben. Wir lassen die Anspannung los, spüren unseren Körper auf angenehme Weise und kommen in eine Wohlspannung.

Das Wohlgefühl erleben wir gleichzeitig auch bei den gesprochenen Worten.

Wir sagen nicht: »Hör auf, dich über deinen Nachbarn zu ärgern, sonst wirst du krank.« Dadurch würden negative Begriffe – ärgern und krank – in unserem Unterbewusstsein gespeichert werden. Deshalb sagen wir positiv: »Sieh das Gute in deinem Nachbarn. Das tut dir gut«, oder bei der »bewegten Sieben«: »In jedem Auge leuchtet der Himmel. Der Himmel leuchtet in mir.«

Die Worte und die Bewegungen der »bewegten Sieben« wecken unsere Sinne und unsere Wahrnehmung. Wir nehmen uns an. Wir spüren uns. Wir bekommen einen positiven Blick auf uns und auf das Leben. Wir begegnen der Sehnsucht unserer Seele.

Atem In vielen Kulturen wird der Atem mit der Seele oder mit dem Hauch Gottes gleichgesetzt. Gleich am Anfang der Bibel wird davon gesprochen, dass Gott seinem ersten menschlichen Geschöpf die *Ruach*, wie es im Hebräischen heißt, einhaucht und ihn dadurch zum Leben erweckt. Die griechischen Philosophen sprachen vom *Pneuma*, von Atem und Geist. Atem ist Leben, das gilt von Geburt an. Atem ist die Verbindung zur Welt. Wir nehmen Neues auf und geben Altes ab.

Wir kennen die Situation, dass wir nicht richtig atmen: Wir sind angespannt. Der Hals- und Nackenbereich ist völlig verspannt. Wir bewegen uns nicht. Wir fühlen uns überfordert. Die Atmung wird schnell und flach. Das kann Angst auslösen, was wiederum zu Anspannung führt.

Während einer langen Autofahrt hörten wir eine spannende Reportage im Radio. Uns fiel sofort auf, wie schnell und hektisch der Sprecher atmete. Nach wenigen Minuten atmeten wir auch zu schnell und fühlten uns gestresst. Auf dem nächsten Parkplatz hielten wir an und schenkten uns eine Pause mit der »bewegten Sieben«.

Für die »bewegte Sieben« stellen wir uns erst einmal locker und aufrecht hin. Wir kommen langsam zur Ruhe und geben dadurch dem Atem die Möglichkeit, sich auszubreiten und in seinem natürlichen Rhythmus zu fließen. Wir lassen den Atem dreimal kommen und gehen – die Anspannung fällt ab, wir kommen bei uns an – bevor wir mit der Bewegung beginnen und die Worte erklingen lassen.

Viele Menschen machen gute Erfahrungen damit, mehrmals am Tag die Augen zu schließen, zur Ruhe zu kommen und den eigenen Atem zu bewundern. Es ist tatsächlich ein Wunder. Ein Wunder, das uns Leben schenkt.

Stimme Auch Stimme ist Atem, und zwar ein Atem, den wir hören können. In der Stimme schwingen stets unsere Gefühle mit, seien es Angst, Ärger und Trauer oder Begeisterung und Freude.

Zugleich spiegelt sich in der Stimme unsere ganze Persönlichkeit wider. Die Stimme zeigt, ob wir an uns glauben und zu uns stehen oder uns hilflos fühlen und uns verstecken. Sie zeigt auch, ob unser Lächeln, unsere gezeigte Zuversicht oder unsere gute Laune nur gespielt oder antrainiert sind.

Eine verspannte Schulter- und Nackenmuskulatur engt die Stimme ein. Eine übermäßige Anspannung bewirkt, dass sich unsere Zunge zurückzieht, der Kehlkopf eng wird und die Stimme ihren vollen Klang verliert. Wir kennen das alle: Wir wollen etwas Wichtiges sagen und müssen uns ständig räuspern. Wir wollen erzählen, wie es uns geht, und uns bricht die Stimme. Etwas schnürt uns den Hals zu, wir wissen nicht was.

Durch die wohltuenden Bewegungen der »bewegten Sieben« ist in unserer Stimme ein Wohlgefühl zu hören. Wir nehmen Freude wahr. Unsere Stimme wird freier, sie kann sich entfalten und die Wohlspannung vertieft sich.

Unsere Ohren, die so oft beschallt werden und sich irgendwann abschalten, hören bei der »bewegten Sieben« bewusst und intensiv. Auch dadurch entsteht eine Wohlspannung. Der Kehlkopf entspannt sich. Der Klang wird reicher und voller.

Bereit für das Abenteuer Leben

Wir sind in den bisherigen Kapiteln dieses Buches gemeinsam einen aufregenden Weg gegangen. Mit der »bewegten Sieben« haben wir einen neuen Zugang zu unserer eigenen Tiefe gefunden. Diese Erfahrung wird unser Leben immer wieder bereichern. Wir lernen uns auf einer anderen Ebene kennen. Wir begegnen unserer Seele und beginnen, ihr zuzuhören und zu vertrauen. Auch der Verstand will nicht mehr alles allein machen. Er lässt sich auf die Seelensprache ein, die ihm bisher so fremd war. Körper, Verstand und Seele kommen sich näher. Wir spüren, wie die sieben Worte uns durch die Höhen und Tiefen des Alltags begleiten. Unser Leben bekommt eine andere Farbe.

Die »bewegte Sieben« führt uns nicht nur in unsere eigene Tiefe, sondern gleichzeitig zu unseren Mitmenschen und in die Welt. Wir atmen ein und aus. Innen und außen werden verbunden.

Lassen Sie noch einmal die einzelnen Worte der »bewegten Sieben« in uns nachklingen:

Wir sind offen für Neues. Erwartungsvoll vertrauen wir darauf, dass wir vom Leben jeden Tag neu reich beschenkt werden. Wir spüren tiefe Dankbarkeit. In uns klingen die Worte nach: Lass dich vom Himmel beschenken. Ich werde vom Himmel beschenkt.

Wir sind großzügiger als früher. Wir teilen mit, was uns bewegt. Wir geben und nehmen, wir reden und hören zu. Wir spüren eine Verbundenheit mit allem Leben. In uns klingen die Worte nach: Lieben heißt Sterne verschenken. Mein Stern geht auf.

Wir schätzen das Leben neu. Wir bewundern das Leben in uns und um uns herum. Wir schützen und fördern unser eigenes Leben und das Leben der anderen. Wir gehen mit einem Lächeln durchs Leben und freuen uns über jedes Licht. In uns klingen die Worte nach: In jedem Auge leuchtet der Himmel. Der Himmel leuchtet in mir.

Wir hören intensiver, wir sehen intensiver, wir schmecken intensiver, wir fühlen intensiver. Wir sind sensibler für das, was wir brauchen und was uns guttut. Wir lassen los, was uns belastet, und genießen eine neue Leichtigkeit. In uns klingen die Worte nach: Öffne die Fenster deiner Seele. Meine Seele ist frei.

Es wird hell in uns. Wir sind zuversichtlicher und selbstbewusster. Wir gehen neue Wagnisse ein. Wir tun und sagen Dinge, die wir uns früher nicht getraut hätten. In uns klingen die Worte nach: Vertrau dem Licht in dir. Mein Licht leuchtet.

Wir fühlen uns wie durch ein unsichtbares Band verbunden mit allem, was lebt. Wir lieben und werden geliebt. Wir fühlen uns im Leben geborgen. In uns klingen die Worte nach: Über allem strahlt die Liebe. Meine Liebe strahlt aus.

Wir sind bereit für das große Abenteuer, hier und jetzt unserem Traum zu folgen. Wir machen uns mit Freude und Leichtigkeit auf den Weg. In uns klingen die Worte nach: Alles Leben ist ein Tanz. Ich tanze mein Leben.

Teil 4

Losfliegen ins Leben

Das Gleichnis vom Brunnen

Das Geheimnis der drei Schalen

Weiter geht's!

Manchmal stellen wir fest, dass die »bewegte Sieben« uns Geborgenheit schenkt. Wahrscheinlich dann, wenn wir sie besonders dringend brauchen. Dann wieder führt uns die »bewegte Sieben« zur Bewegung, zu Wachstum und Veränderung. Wir merken, wie wir uns aufrichten und selbstbewusst weitergehen. Schließlich spüren wir bei der »bewegten Sieben« immer wieder einmal, dass uns Lebensfreude und Lebendigkeit geschenkt wird.

Und schon sind wir bei einem weiteren Geheimnis, das unser Leben verändern wird. Wir sind auf dem Weg zu unserer inneren Quelle oder zu einem Brunnen, der unaufhörlich sprudelt.

Übermütiges Wasserspiel

Wenn wir ein Fenster unserer Wohnung im Norden von Bayern öffnen, hören wir angenehmes, leises Plätschern und Gurgeln. Wir lieben dieses verführerische Geräusch des Brunnens gleich um die Ecke. Wenn wir an ihm vorbeigehen, bleiben wir meistens kurz stehen und freuen uns über das beruhigende und doch ein wenig übermütige Wasserspiel.

Vor einiger Zeit waren die Geräusche plötzlich verstummt. Kein Plätschern und kein Gurgeln waren zu hören! Als wir ihn dann sahen, bot er ein trauriges Bild. Das Wasser sprudelte nicht mehr – und das große quadratische Becken war fast leer, außer einigen Algen, Blättern und Steinchen und ein paar kleinen Wasserpfützen. Es sah aus, als wollte er uns zeigen, wie schlecht es ihm ging. Ein Brunnen, der nicht sprudelt, da waren wir uns einig, ist wie ein Mensch, der seine Begeisterung, seine Lebendigkeit und Neugier verloren hat.

Am nächsten Morgen kamen zwei Männer von den Stadtwerken. Sie blickten den Brunnen prüfend von allen Seiten an und begannen, ihn gründlich zu reinigen, auch die Rinnen und Zuflussrohre. Schließlich sahen sie zufrieden aus.

Der nächste Tag begann. Als wir ein Fenster öffneten, hörten wir wieder das leise Plätschern und Gurgeln. Unser Brunnen sprudelte wieder. Wir gingen hinüber und freuten uns über das wiedergewonnene Wasserspiel. Dabei kam es uns vor, als würde der Brunnen vor lauter Übermut am liebsten zu einem Wassertänzchen starten, um uns zu zeigen: »Ich bin wieder da! Wollt ihr mittanzen?«

Wir können uns gut an Situationen erinnern, in denen es auch bei uns gar nicht mehr sprudelte. Da fühlten wir uns leer und waren im Kopf gefangen, in dem sich das Gedankenkarussell ohne Pause drehte. Uns fehlte das sprudelnde Wasser – Kreativität, Gelassenheit, Selbstwertgefühl und Lebendigkeit.

Wie gesagt, der Brunnen sprudelte wieder und wir hätten mit ihm tanzen sollen. Überhaupt: Wann haben wir eigentlich zum letzten Mal am Brunnen oder auf dem Marktplatz getanzt?

Der römische Brunnen

In den nächsten Tagen philosophierten wir noch lange über den sprudelnden Brunnen. Irgendwann erinnerte sich Rainer an ein Gedicht von einem Brunnen in Rom. Er machte sich auf die Suche und entdeckte die sprudelnden Zeilen. Sie stammen von dem Schweizer Dichter *Conrad Ferdinand Meyer.* Er hatte im Jahr 1858 Rom besucht und war von einem Brunnen in der Villa Borghese sofort fasziniert.

Der Brunnen bestand aus drei übereinanderliegenden Schalen. Die obere, kleine Schale wurde durch eine sprudelnde Fontäne gespeist. Das überfließende Wasser fiel in die zweite, größere Schale. Auch die floss über und speiste so die untere, größte Schale. Das Wasser befand sich in einem permanenten Kreislauf, wie das Blut in unserem Körper.

Meyer nannte sein Gedicht: »Der römische Brunnen«.

Aufsteigt der Strahl und fallend gießt
Er voll der Marmorschale Rund,
Die, sich verschleiernd, überfließt
In einer zweiten Schale Grund;
Die zweite gibt, sie wird zu reich,
Der dritten wallend ihre Flut,
Und jede nimmt und gibt zugleich
Und strömt und ruht.

Drei Schalen, so wird uns gezeigt, hat der Brunnen. Jede Schale ist wichtig, sonst kommt das Ganze ins Stocken. Wenn eine Schale fehlt, kann das Wasser nicht fließen. Jede Schale gibt und nimmt.

Es strömt und ruht, lesen wir. Unser Verstand stutzte, als wollte er sagen: »Ja, was denn nun? Strömen oder Ruhen?« So ist der Verstand. Er liebt Schwarzweiß. Er fragt entweder-oder.

Unsere Seele lächelte milde und flüsterte ihm zu: »Lieber Verstand, es strömt und ruht, so ist das Leben.« Aber wie meistens hörte der Verstand gar nicht zu.

Uns fiel ein Jesuswort ein. »Kommt her zu mir alle, die ihr mühselig und beladen seid, ich will euch zur Ruhe bringen« (Die Bibel: Matthäusevangelium 11,28). Das ist die wörtliche Übersetzung aus dem griechischen Urtext.

In der Übersetzung nach Martin Luther heißt es dagegen statt »ich will euch zur Ruhe bringen«: »Ich will euch erquicken.«

Das Wort »erquicken« ist heute kaum noch gebräuchlich. Es erinnert uns an »quicklebendig«, also wage ich, den Satz so zu formulieren: »Ich will euch quicklebendig machen.«

Der Verstand mischte sich gleich wieder ein: »Ja, was denn nun? Zur Ruhe bringen oder quicklebendig machen?« Die Seele lächelte und sagte lieber gar nichts. Sie kennt die tiefe Wahrheit, dass Leben nur im Gleichgewicht gelingen kann – Einatmen und Ausatmen, Anspannen und Entspannen, Kommen und Gehen. Sie weiß, dass wir ohne Ruhe und Geborgenheit auch unsere Begeisterung und Lebensfreude verlieren und alles andere als quicklebendig sind. Sie kennt die Balance von Geben und Nehmen, Wissen und Fühlen, Draußen und Drinnen, Alleinsein und Gemeinschaft.

Die drei Schalen

Drei Dinge braucht der Mensch: Geborgenheit, Wachstum und Lebendigkeit. Diese drei Dinge begegnen uns im römischen Brunnen. Wir sehen ihn vor uns mit den drei verschieden großen Marmorschalen. Jede Schale ist wichtig, damit der Brunnen lebendig ist und fließen kann.

Wir blicken auf die größte, die untere Schale. Sie trägt die anderen beiden. Sie ist das Fundament. Sie nimmt das Wasser der oberen Schalen auf. Und von ihr wird das Wasser wieder nach oben gepumpt, damit es sprudeln kann. Die erste Schale ist die *Schale der Geborgenheit:*

Wo ich hier zu Hause bin?
Erdverbunden, himmelwärts –
Liebe, Freiheit, tiefer Sinn?
Willst du's wissen, frag mein Herz!

Wir blicken auf die zweite, die mittlere Schale. Sie ist die Verbindung zwischen unten und oben, zwischen Erde und Himmel, Geborgenheit und Lebensfreude. Ohne diese Schale werden wir nicht den Weg zur Lebendigkeit finden. Nur wer aus der Geborgenheit aufbricht in den Sturm des Lebens, wer unterwegs seine Stärken und Schwächen entdeckt, wird zur Begeisterung und Lebensfreude gelangen. Die zweite Schale ist die *Schale des Wachstums:*

Von der Quelle bis zum Meer,
unterwegs bei Sturm und Wind,
komme ich von drüben her –
schon erwachsen und noch Kind.

Schließlich blicken wir auf die obere Schale. Dort sprudelt es und wirbelt durcheinander. Schon beim Anblick schlägt unser Herz schneller. Wir sind mit uns und dem Leben verbunden und geben uns dem aufregenden Tanz des Lebens hin. Die dritte Schale ist die *Schale der Lebendigkeit:*

Wie aus langem Traum erwacht
tanze ich im Sonnenglanz,
fliege durch die Winternacht.
Alles Leben ist ein Tanz.

Sie werden feststellen: Wann immer ein Mensch mit seinem Leben unzufrieden ist, wenn er niedergedrückt, ausgebrannt und mutlos ist, wenn er nicht mehr schlafen kann oder eine große Traurigkeit in sich spürt, dann ist mindestens eine seiner drei Schalen leer oder das Wasser ist getrübt. Meistens gilt das sogar für zwei oder alle drei Schalen.

Es ist im wahrsten Sinne des Wortes lebenswichtig, unsere drei Schalen am Sprudeln zu halten. Es ist unsere Aufgabe, für den inneren Brunnen zu sorgen.

Dabei hilft uns die »bewegte Sieben«. Sie erhellt unseren Blick und öffnet die Wahrnehmung für das, was wir brauchen und was uns guttut. Wir spüren uns und nehmen uns an. Wir erleben, wie der Zugang zum Brunnen frei wird. Wir können ihn hören, sehen und fühlen.

Ihre Notizen

Wir schlagen Ihnen vor, dass Sie sich ein Notizbuch besorgen, das Ihr persönliches Brunnenbuch wird. Vielleicht schreiben Sie auf die erste Seite: »Ich schenke mir Flügel und lebe meinen Traum. Mein Brunnenbuch.«

Dann nehmen Sie sich Zeit, zünden eine Kerze an, machen sich einen Tee oder einen Kaffee, lehnen sich zurück und blicken in die Vergangenheit:

Wann habe ich in den vergangenen Wochen und Monaten Geborgenheit gespürt? Was ist überhaupt Geborgenheit für mich? Wie fühlt sie sich an? Wann habe ich früher

Geborgenheit gespürt, in meinen jungen Jahren oder zurück in meiner Kindheit?

Schreiben Sie alles auf.

Jetzt blicken Sie direkt in Ihre Schale der Geborgenheit. Wie viel Wasser befindet sich darin? Ist das Wasser klar oder getrübt? Ist die Schale etwa fast leer? Schreiben Sie auf, was Sie dabei sehen und fühlen.

Vielleicht machen Sie sich noch einen Tee. Sie können sich noch konzentrieren? Dann geht es weiter mit der Schale des Wachstums. Wann sind Sie in den vergangenen Wochen und Monaten gewachsen? Was bedeutet Wachstum für Sie? Wie fühlt es sich an zu wachsen? Wie unterscheidet sich Wachstum heute von dem in Ihrer Kindheit und Jugend?

Schreiben Sie wieder alles auf.

Blicken Sie noch einmal in die mittlere Schale. Ist sie gut gefüllt? Wie sieht das Wasser aus? Wieder schreiben Sie Ihre Gedanken und Gefühle dazu auf.

Die ersten Seiten Ihres neuen Brunnenbuches sind bereits gefüllt. Jetzt kommt noch die obere Schale an die Reihe.

Was fühlen Sie, wenn Sie das Wort Lebendigkeit aussprechen? Wann waren Sie in der letzten Zeit so richtig lebendig? Denken Sie vielleicht sehnsüchtig an die Lebendigkeit in Ihrer Kindheit und Jugend zurück? Schreiben Sie auf, was Sie denken und fühlen.

Nun lenken Sie Ihren Blick auf die Schale der Lebendigkeit. Sprudelt es? Wie sieht das Wasser aus? Mögen Sie daraus trinken?

Schreiben Sie auf, was Sie empfinden.

Ein erster wichtiger Schritt ist bereits getan, Sie haben Ihren Brunnen entdeckt und wahrgenommen.

Wenn Sie Lust haben, stehen Sie jetzt auf und tauchen in die »bewegte Sieben« ein. Sie entspannen sich, fühlen neue Energie und atmen auf.

Das Brunnenbuch 1

Ihr Brunnenbuch startet in die zweite Phase. Auf Sie wartet ein sprudelnder Brunnen mit frischem, klaren Wasser. Jetzt geht es los: Suchen Sie sich einen festen Wochentag aus, an dem Sie sich Zeit nehmen für den Brunnenblick. Es warten sieben spannende Wochen auf Sie.

So gestalten Sie Ihren Brunnenblick:

Blick zurück: Blick in die vergangene Woche
1. Wo war ich in der Geborgenheit, im Wachstum und in der Lebendigkeit?
2. Wie hat es sich jeweils angefühlt?
3. Wie sieht das Wasser in den Schalen aus? Sind die Schalen gut gefüllt?

Blick nach vorn: Ausblick in die nächste Woche
1. Welche der drei Schalen braucht besondere Pflege?
2. Wie kann ich das umsetzen?

3. Wie kann ich für frisches Wasser in allen drei Schalen sorgen?
4. Wie werde ich das umsetzen?

In dieser Weise blicken Sie einmal in der Woche zurück und planen die vor Ihnen liegenden Tage. Langsam füllt sich Ihr Brunnenbuch. Sie werden spüren, wie Ihr Brunnen immer mehr sprudelt und Sie neue Hoffnung, Zuversicht und Freude wahrnehmen.

Der tägliche Brunnenblick

Sie wollen losfliegen ins Leben, weiter wachsen und mehr Lebensfreude spüren? Dann starten Sie den täglichen Brunnenblick. Nehmen Sie sich an jedem Tag einen Moment Zeit.

Blicken Sie zurück auf den vergangenen Tag: Wie habe ich mich gefühlt? Was kam zu kurz? Wie sind meine Schalen gefüllt? Wofür bin ich dankbar?

Planen Sie den nächsten Tag: Worauf will ich besonders achten? Was nehme ich mir vor? Worauf freue ich mich?

Ihr Brunnenbuch füllt sich immer weiter, genauso wie die Schalen Ihres Brunnens.

Und vergessen Sie nicht: Das Eintauchen in die »bewegte Sieben« hält den Zugang zum Brunnen frei.

Eine leere Schale

Vielleicht stellen Sie fest, dass in einer Ihrer drei Schalen das Wasser trüb ist. Oder sie ist sogar völlig leer. Sie haben keinen Zugang zu dieser Schale.

Tauchen Sie dann intensiv in die »bewegte Sieben« ein. Bei welchen der sieben Worte spüren Sie eine Verbindung zu dieser Schale? Sie können sich darauf verlassen, dass die »bewegte Sieben« für frisches Wasser sorgt.

Lassen Sie uns das an einem Beispiel verdeutlichen:

Ihre zweite Schale ist leer. Sie haben traurig festgestellt, dass die Zeiten des Wachstums lange zurückliegen. Sie tauchen in die »bewegte Sieben« ein. Bei dem Satz »In jedem Auge leuchtet der Himmel« beginnen auch Ihre Augen zu leuchten. Sie erinnern sich an tiefe, anregende Gespräche mit Ihren Nachbarn. Ihnen wird deutlich: »Da möchte ich wieder anknüpfen.«

Ein anderes Beispiel:

Bei dem Satz »Ich tanze mein Leben« werden Sie ganz aufgeregt. Sie erinnern sich, wie Sie eine fremde Sprache gelernt haben und dabei auch eine andere Kultur und Lebensweise in Ihnen lebendig wurde. Es fühlte sich damals an wie ein Tanz in eine andere, aufregende Welt.

Sie erinnern sich, dass die Lehrbücher noch im Keller liegen. Tänzelnd gehen Sie die Treppe hinunter …

Sie können darauf vertrauen, dass die Worte der »bewegten Sieben« Ihnen einen Zugang zu der leeren Schale ermöglichen, sei es zur Schale der Geborgenheit, des Wachstums oder der Lebendigkeit. Welche Worte das sind, können nur Sie selbst herausfinden.

Wir haben die Wahl

Weiter geht's

Im Laufe der vergangenen Wochen haben Sie erstaunt oder begeistert festgestellt, dass Ihr Brunnen wieder lebendig sprudelt. Ihre Schalen sind gefüllt. Vielleicht blicken Sie jetzt dankbar und voller Freude auf diesen Weg zurück. Vielleicht feiern Sie sogar ein buntes Brunnenfest.

Doch dann spüren Sie die Sehnsucht nach mehr. Sie wollen den Weg weitergehen. Sie wollen noch tiefer eintauchen. Sie wollen Ihre Flügel wiederhaben. Sie wollen der Sehnsucht Ihrer Seele folgen.

Das Abenteuer, das Leben heißt

Der erste Teil Ihres Lebens liegt hinter Ihnen. Heute beginnt der zweite Teil. Wie sieht Ihr persönlicher Traum vom Leben aus? Was erhoffen Sie sich? Wo soll die Reise hingehen? Was könnte Ihrem Leben einen tiefen Sinn geben?

Nehmen Sie sich jetzt die Zeit zum Träumen. Stellen Sie sich Ihr Abenteuer des Lebens vor. Vielleicht tun Sie es zum ersten Mal? Vielleicht fragen Sie Ihre Seele, welche Sehnsucht sie hat? Was passt nicht mehr in Ihr neues Leben? Was erhält stattdessen dort Platz? Wie könnte ein sinnvolles, erfülltes Leben aussehen?

Der Brunnen wird Sie bei Ihrer Suche begleiten. Sie wünschen sich, dass alle drei Schalen gleichmäßig gefüllt sind und dass ständig frisches Wasser sprudelt.

Doch die Schalen Ihres Brunnens sind heute anders gefüllt als in der Vergangenheit. Während Sie in der Kindheit vielleicht in den Armen der Mutter Geborgenheit gefunden haben, finden Sie diese heute in der Natur oder in der Achtsamkeit.

In jeder Schale befindet sich ein Wort, das für Sie zum Schlüssel für Ihren Traum vom Leben werden kann. Es ist der Schlüssel zu einem Leben in innerer Freiheit und Lebendigkeit.

Drei Schalen – Drei Worte

Der eine Mensch sagt über seine untere Schale: Ich finde die Geborgenheit in dem Begriff »Heimat«. Einem anderen dagegen ist dieser Begriff völlig fremd. Seine untere Schale ist die Schale des »Glaubens«. Und wieder ein anderer sagt »Sicherheit«, wenn er seine Schale beschreiben soll.
Der eine Mensch sagt über seine mittlere Schale: Ich finde Wachstum in dem Begriff »Veränderung«. Ein anderer favorisiert die »Dynamik« und wieder ein anderer möchte gern ein »Wagnis« eingehen.
Auch die obere Schale ist unterschiedlich gefüllt. Während einer die Lebendigkeit in der »Musik« erfährt,

steht für andere die »Freiheit« oder die »Geselligkeit« an erster Stelle.

Was also sind Ihre drei persönlichen Brunnenworte? Sie werden es bald wissen. Das erste Brunnenwort gehört in die Schale der Geborgenheit. Das zweite gehört in die Schale des Wachstums. Das dritte gehört in die Schale der Lebendigkeit.

Lebensworte

Den Weg zu einem sinnerfüllten Leben werden Sie dann finden, wenn Sie wissen, was Ihnen guttut und was Sie brauchen. Nur so wird die Suche nach Ihren Brunnenworten gelingen.
Auf den nächsten Seiten dieses Buches finden Sie zu jeder Schale Ihres inneren Brunnens eine große Auswahl an Begriffen, die zu Ihren persönlichen Brunnenworten werden können. Vielleicht springt Sie ein einzelner Begriff sofort an und Sie spüren: Genau das ist mein Schlüssel! Genau das brauche ich!
Wahrscheinlich dauert die Wahl jedoch länger. Mancher Begriff mag sich zuerst verlockend anhören, verliert dann aber schnell an Faszination. Sie suchen nach drei Worten, die Sie zugleich faszinieren und herausfordern. Diese werden Sie auf längere Zeit begleiten und schließlich zum Schlüssel für ein erfülltes Leben werden.

Der Verstand allein kann unsere Brunnenworte nicht herausfinden. Dies ist nur möglich, wenn Verstand und Seele zusammenarbeiten. Für manche von uns mag das ein neues Abenteuer sein.

Was wir brauchen, ist eine kurze Auszeit – von unseren Pflichten und Sorgen, von unserem Gedankenkarussell und von allem Stress. Es ist Zeit, zu uns zu kommen und innezuhalten.

Mit der »bewegten Sieben«, so haben wir erfahren, kommen wir zu uns. Dort lassen Sie uns eine Zeitlang innehalten. Diese kostbare Zeit nennen wir »Café Zeitlos«. Der Begriff geht zurück auf das Buch: »Café Zeitlos. Eine Erzählung über die Flügel der Seele«.

Café Zeitlos

Schließen Sie die Augen. Sie können jetzt trotzdem »sehen«, nur anders. Sie tagträumen. Sie sind kreativ. Sie können fliegen. Sie befinden sich in Ihrer inneren Welt. Sie sind ganz bei sich. Jetzt kann der Verstand der Seele begegnen. Sie entdecken die kostbare Sehnsucht nach mehr Leben.
Die Seele braucht einen Raum, in dem sie vor den vielen äußeren Reizen geschützt ist. Sie will wahrgenommen werden, damit sie nicht verkümmert. Das »Café Zeitlos« ist ein Ort der Entspannung und Bewegung zugleich. Es ist ein innerer Spielplatz für Verstand und Seele. Dort findet statt, was wir als Kinder gelebt haben. Wir gehen Wagnisse ein und bauen etwas Neues.

Wie sieht Ihr »Café Zeitlos« aus? Vielleicht ist es ein Ort, den Sie schon aus der Realität kennen – ein gedeckter Tisch unter alten Bäumen, Ihr Lieblingscafé um die Ecke, eine Blumenwiese am Meer oder eine alte Hütte mit Kamin irgendwo tief im Wald. Vielleicht erschaffen Sie den Ort aber auch völlig neu, zum Beispiel ein kuscheliges Wolkennest oben am Himmel oder ein bunter Fantasiegarten. Lassen Sie Ihr »Café Zeitlos« langsam und behutsam entstehen. Sie werden immer wieder gern zurückkehren und dort auftanken.
Durch regelmäßige Besuche im »Café Zeitlos« lernen wir, uns in Stress-Situationen schnell zu entspannen. Mit etwas Erfahrung reicht es schon aus, uns unseren inneren Ort nur vorzustellen. Die Atmung wird freier, die Muskeln entspannen sich.

Besuch im »Café Zeitlos«

Das »Café Zeitlos« ist zugleich auch ein Ort, an dem Sie neue Orientierung finden werden. Sie werden herausfinden, welche Entscheidungen Sie treffen wollen. Vielleicht werden Ihre inneren Freunde und Begleiter Ihnen dabei zur Seite stehen. Bringen Sie also Ihre Anliegen und Wünsche mit.

Im »Café Zeitlos« können Sie auch Ihrem Brunnen begegnen. Sie werden ihn dort nicht wie bisher nur äußerlich betrachten, sondern können sozusagen in seine gefüllten

Schalen eintauchen. Sie werden das Sprudeln spüren und seinen Geheimnissen nahekommen.

Nacheinander können Sie alle drei Schalen intensiv erleben. In der Schale der Geborgenheit werden Sie Ihr erstes Brunnenwort entdecken. Das Abenteuer kann beginnen.

Lassen Sie uns jetzt das »Café Zeitlos« besuchen und erst einmal unseren Entspannungsplatz kennenlernen. Hier stellen wir einen bewährten Einstieg vor:

Setzen Sie sich aufrecht gemütlich hin und spüren Sie den Boden unter Ihren Füßen, der Sie trägt. Legen Sie Ihren inneren Rucksack ab, in dem sich Sorgen, Gedanken und Lasten befinden. Führen Sie langsame, kleine kreisende Bewegungen mit den Schultern aus, so dass ein Wohlgefühl in Ihnen entsteht. Nun massieren Sie leicht Ihre Kiefergelenke. Das Gesicht entspannt sich – ein Lächeln entsteht.

Zählen Sie langsam von 7 bis 1. Vielleicht spüren Sie dabei einige Bilder der »bewegten Sieben«. Willkommen im »Café Zeitlos«!

Lassen Sie sich jetzt Zeit. Sie erkennen den Ort bereits? Er entsteht erst so nach und nach? Staunen Sie, bewundern Sie Ihr »Café Zeitlos«. Sie werden sich dort wohlfühlen.

Nach diesem kurzen Besuch verabschieden Sie sich und zählen langsam von 1 bis 7. Sie nehmen die Geräusche um sich wahr. Sie spüren, wie Ihre Füße mit dem Boden verbunden sind. Sie kreisen mit den Schultern, die sich leicht und weit anfühlen, Sie streichen ihre Stirn aus – ein Lächeln entsteht. Sie öffnen die Augen. Wenn Sie Lust haben, führen Sie noch einmal die »bewegte Sieben« aus.

Besuchen Sie in der nächsten Zeit immer wieder einmal Ihr »Café Zeitlos«. Sie nehmen wahr, wie die Verbundenheit zu diesem Ort entsteht und wächst.

Vielleicht schreiben Sie Ihre Erlebnisse im »Café Zeitlos« auf oder malen ihre Eindrücke mit bunten Farben.

Wenn Sie die Verbundenheit zu Ihrem neuen Lieblingsort spüren, können Sie mit einer konkreten Frage dorthin gehen. Sie werden eine Antwort finden, die Ihnen niemand anders geben kann als Sie selbst. Sie werden dort auch Antworten finden auf der Suche nach Ihren Brunnenworten.

Beginnen Sie also Ihre Suche mit der Schale der Geborgenheit. Auf der nächsten Doppelseite finden Sie viele Begriffe, die alle gern Ihr Brunnenwort werden würden. Sie werden sich schon bald für einen von ihnen entscheiden, oder Ihnen fällt noch ein ganz anderer Begriff ein, der nicht auf der Liste steht.

Erst einmal lassen Sie alle Worte auf sich wirken. Welches gefällt Ihnen gut? Zu welchem sagen Sie spontan »ja«? Lassen Sie sich Zeit, spielen Sie mit den Worten.

Wenn Sie ein erstes Lieblingswort ausgewählt haben, gehen Sie damit in den nächsten Tagen spazieren. Wie fühlt es sich an? Wie schmeckt das Wort?

Danach gehen Sie auf die darauf folgenden Seiten. Dort finden Sie einige Worte aus der Schale der Geborgenheit noch einmal. Jedoch hat die Seele dazu ihre Kommentare abgegeben. Lassen Sie alles in Ruhe auf sich wirken. Vielleicht entstehen in Ihnen Bilder zu den Worten.

Die Schale der Geborgenheit

Wald Berge Quell
Freundschaft
Vertrauen
Achtsamkeit
Kloster Garten Schlaf
Konzentration Cha
Heimat Gemeinschaft
Gleichgewi
Einklang
Büche
Ruhe Licht
Verbundenheit Sicher
Familie
Erde
Vertrauen

eichgewicht

ttvertrauen Gebet Schlaf

Haus

Garten Beschäftigung

Nest Meer

Musik

tsamkeit

Natur

en

Balance Seele

rge

nie

Haus

Gelassenheit

s

Horizont Glaube

Sinn Frieden

Achtsamkeit

nt

Einfachheit

eit Meditation

Wurzeln

Liebe

Die Seele hat sich einige Begriffe aus der Schale der Geborgenheit ausgesucht, zu denen sie gern etwas sagen möchte:

Garten Die Augen des Verstandes glänzten. »Ein Garten ist Natur. Das ist gesund für Leib und Seele. Da können wir fleißig arbeiten und hacken und ernten.« Stolz blickte er die Seele an.

Die nahm ihn an die Hand. »Ich zeige dir jetzt meinen Lieblingsgarten. Es ist ein kleines Paradies. Das erinnert mich daran, woher ich komme. Siehst du die herrlichen Blumen, diese vielen Farben? Riechst du die Kräuter und Früchte? Spürst du den Frieden? Hörst du das Summen der Insekten? Ich freue mich so!«

Der Verstand gab sich große Mühe, die Seele zu verstehen. »Ich weiß nicht, wie das ist, mich über Farben und Gerüche und seltsame Geräusche zu freuen. Hilfst du mir dabei?«

Sie hielt ihn immer noch an der Hand. Langsam begann sie, sich zu drehen und mit ihm zu tanzen. Es war, als würde ein unsichtbares Blumenorchester dazu aufspielen.

Hafen Die Seele und der Verstand standen schon früh am Morgen nebeneinander an der Kaimauer. Sie sahen zu, wie die Fischerboote in den Hafen zurückkehrten und die ersten Ausflugsdampfer ausliefen.

»Wenn ein Sturm aufzieht«, dozierte der Verstand, »dann kommen alle schnell zurück. Der Hafen ist sicher.«

»Ja, der sichere Hafen«, nickte die Seele. »Den brauchen wir, auch wenn wir draußen auf dem Meer sind.«

Der Verstand blickte sie fragend an. »Da draußen gibt es keinen Hafen«, korrigierte er sie und sah einem kleinen Segelboot nach.

Die Seele lächelte und blickte voller Sehnsucht in die Ferne. »Wenn wir draußen auf dem Meer sind und die Wellen immer höher werden, erinnere ich mich oft an die Boote hier am Kai. Ich höre das Läuten der Glocke vom Ausflugsdampfer, das Poltern beim Stapeln der Fischkisten, das fröhliche Rufen der Abenteurer, die sich auf einen Bootstörn freuen, und das Kreischen der Möwen. Dann blicke ich wieder aufs Meer und die Wellen sind gar nicht mehr so hoch.«

Horizont Oben von der Burg hatten sie einen freien Blick bis nach Frankreich und fast bis in die Schweiz. Der Verstand war beeindruckt. »Bis zum Horizont können wir blicken. Nur weil die Erde rund ist«, dabei hob er den rechten Zeigefinger, »können wir nicht weiter sehen.« Er holte eine Landkarte heraus und zeigte, was hinter dem Horizont noch auf Entdeckung wartete.

Die Seele nahm ihn liebevoll in den Arm. »Du weißt so viel. Ich bin stolz auf dich.« Dann drehte sie sich ausgelassen im Kreis. »Ich blicke so gern zum Horizont. Und manchmal lache ich und rufe: ›Stellt euch vor, hinter dem Horizont geht es immer noch weiter!‹ Dann bin ich ganz still und höre, ob jemand antwortet.«

Liebe »Liebe ist, wenn sich zwei Menschen lieben. Dann sagt man: Sie sind verliebt.« Dem Verstand war das Wort

Liebe nicht ganz geheuer, das war deutlich zu spüren. Aber er war es schließlich gewohnt, alles irgendwie zu erklären.

Die Seele lächelte. »Das ist schön, dass du dir Gedanken über die Liebe machst. Ich bin froh, dass ich dich an meiner Seite habe.«

Sie schlenderte mit ihm über den Marktplatz. »Zwei Menschen, das ist ein guter Anfang. Aber du erinnerst dich sicher an den Satz: ›In jedem Auge leuchtet der Himmel.‹ Wenn ich jemanden ansehe und das Leuchten in seinen Augen erkenne, dann leuchtet es auch in mir. Ich sage dir: Das ist ein Leuchten!«

Musik »Ich liebe Musik«, sagte der Verstand und sprach schnell weiter, bevor die Seele etwas darauf erwidern konnte. »Denk nur an die Brandenburgischen Konzerte, wie genial Bach den Disput der Instrumente einfügt, so wie er das von den italienischen Meistern seiner Zeit kannte.«

Die Seele blickte ihn ungeduldig an. Dann zeigte sie zu den Büschen und Bäumen neben ihnen. »Hörst du das Knistern und Rauschen? Das ist eine meiner Lieblingsmelodien.«

Jetzt war der Verstand irritiert. »Ich höre keine Melodie. Manchmal verstehe ich dich wirklich nicht.«

Die Seele sprang auf. »Ich habe Lust zu tanzen. Immer, wenn ich Musik in mir spüre, möchte ich tanzen.«

Der Verstand schüttelte den Kopf. »Du kannst doch gar nicht immer ausgelassen sein und tanzen. Was ist, wenn du traurig bist?«

Die Seele lächelte ihn fröhlich an. »Wenn ich traurig bin, dann ist die Musik auch traurig und der Tanz ebenfalls. Soll ich dir einmal zeigen, wie ein nachdenklicher Tanz aussieht?«

Als hätte der Verstand sein Stichwort gefunden, sprang er jetzt selbst auf. »O ja, da mache ich doch gern mit!«

Quelle Sie standen draußen am Waldrand an einer Quelle, die fröhlich plätscherte und gurgelte. Der Verstand streckte sich und begann zu erklären: »Hier tritt Grundwasser an die Oberfläche. Irgendwann wird diese Quelle zu einem großen Fluss.« Als die Seele nicht reagierte, fügte er schnell hinzu: »Ich weiß ja, dass du in jedem Wort noch eine andere Bedeutung siehst. Das habe ich von dir gelernt.« Er genoss kurz ihre Neugier, dann fuhr er fort: »Ich denke gerade an eine Bibliothek. Das ist eine Quelle des Wissens.« Stolz blickte er sie an.

Die Seele hielt sich kurz die Hand vor den Mund, ohne dass er es merkte. »Lieber Verstand, ich denke gerade an unsere innere Quelle. Daraus können wir jederzeit schöpfen.« Der Verstand blickte betreten zu Boden. »Du meinst, wenn ich zu viel trockenes Wissen aufnehme?« Jetzt lachte sie. »Ja, da tut dir frisches Wasser bestimmt gut. Spürst du, wie unsere Quelle sprudelt? Ich könnte schon wieder tanzen. Stell dir mal vor – der Tanz an der Quelle.«

Die Entscheidung

Favorisieren Sie jetzt vielleicht ein anderes Wort als vorher? Sie müssen sich noch nicht endgültig entscheiden. Lassen Sie sich wieder Zeit. Denken Sie über die Worte nach, die in Ihrer engeren Wahl sind. Fühlen Sie, schauen Sie – vielleicht entstehen wieder Bilder in Ihnen.

Dann ist der große Augenblick gekommen: Sie gehen zum »Café Zeitlos«, um Ihr erstes Brunnenwort zu entdecken. Sie sind gut vorbereitet und bringen einen oder vielleicht mehrere Begriffe mit.

Setzen Sie sich wieder aufrecht gemütlich hin und spüren Sie den Boden unter Ihren Füßen, der Sie trägt. Legen Sie Ihren inneren Rucksack ab, in dem sich Sorgen, Gedanken und Lasten befinden. Führen Sie langsame, kleine kreisende Bewegungen mit den Schultern aus, so dass ein Wohlgefühl in Ihnen entsteht. Nun massieren Sie leicht Ihre Kiefergelenke. Das Gesicht entspannt sich – ein Lächeln entsteht.

Zählen Sie langsam von 7 bis 1 und spüren Sie dabei Bilder der »bewegten Sieben«, zuletzt klingt in Ihnen: »Lass dich vom Himmel beschenken. Ich werde vom Himmel beschenkt.« Willkommen im »Café Zeitlos«!

Genießen Sie einen Moment an Ihrem neuen Lieblingsort. Schauen Sie, fühlen Sie, lassen Sie sich Zeit. Nun tauchen Sie ein in die Schale der Geborgenheit. Vielleicht sehen Sie ein Bild. Vielleicht läuft ein Film ab. Vielleicht sehen Sie das

Wort direkt vor sich. Vertrauen Sie darauf, dass Sie Ihr Brunnenwort entdecken werden. Es ist ein Begriff, der Sie fasziniert und herausfordert. Wenn Sie ihn vor sich sehen, werden Sie eine tiefe Geborgenheit spüren.

Nach einer Weile schauen Sie sich noch einmal vertrauensvoll im »Café Zeitlos« um. Dann verabschieden Sie sich und zählen langsam von 1 bis 7. Es klingen bei der Sieben die Worte herüber: »Alles Leben ist ein Tanz. Ich tanze mein Leben.«

Sie nehmen die Geräusche um sich wahr. Sie spüren, wie Ihre Füße mit dem Boden verbunden sind. Sie kreisen mit den Schultern, streichen ihre Stirn aus – ein Lächeln entsteht. Sie öffnen die Augen.

Sie haben Ihr erstes Brunnenwort entdeckt? Es ist vielleicht ein anderes Wort, als Sie gedacht hatten? Sie verstehen Ihr Bild nicht? Vertrauen Sie darauf, dass Sie genau wissen werden, was Ihr Brunnenwort ist. Wenn nicht jetzt, dann bald. Und wenn Sie Lust haben, führen Sie noch einmal die »bewegte Sieben« aus. Alles verbindet sich.

Es kann vorkommen, dass Sie nach einigen Tagen oder Wochen feststellen, dass Sie doch ein anderes Brunnenwort haben. Dann bleiben Sie locker, besuchen noch einmal Ihr »Café Zeitlos« und tauschen das Wort aus.

Sie haben Ihr erstes Wort gefunden? Herzlichen Glückwunsch! Jetzt leben Sie erst einmal lustvoll und kreativ mit diesem ersten Brunnenwort. Schließen Sie Freundschaft mit ihm. Lernen Sie es intensiv kennen.

So klingt das erste Brunnenwort

Basteln Sie kleine Kärtchen, die Sie mit »Ihrem« Wort beschriften. Dann verteilen Sie die Kärtchen: Sie klemmen eins an den Spiegel, kleben eins an den Kühlschrank, eins für den Schreibtisch oder den Werkzeugschuppen. Eins kommt auf den Nachttisch, eins in die Hosentasche. Ihnen fallen schon jetzt weitere Orte ein …

Welche Musik passt zu »Ihrem« Wort? Vielleicht verstehen Sie jetzt, warum dieser oder jener Song Ihr Lieblingssong ist?

Wir, Angelika und Rainer, haben ein Lieblingslied aus Schweden, das perfekt in die Schale der Geborgenheit passt: »Jag trivs bäst i öppna landskap«. *Ulf Lundell* singt darin mit seiner rauen Stimme vom Meer und von der offenen Landschaft, die er so sehr liebt. Das Klare und Einfache, das es da noch gibt, tut ihm gut. Dort finden sein Körper und seine Seele Ruhe und Frieden.

Im Internet:
https://www.youtube.com/watch?v=TCbPxK5YjqY

Schließlich kann »Ihr« Wort auch durch ein Gedicht zum Leuchten kommen. Vielleicht kennen oder finden sie eins, vielleicht schreiben Sie selbst Ihr persönliches Gedicht. Wir haben ein Gedicht zum Thema »Geborgenheit« gesucht und mehrere gefunden. Eines davon stellen wir Ihnen hier vor. Es stammt von *Bettina von Arnim.*

Auf diesem Hügel überseh ich meine Welt!

Auf diesem Hügel überseh ich meine Welt!
Hinab ins Tal, mit Rasen sanft begleitet,
Vom Weg durchzogen, der hinüber leitet,
Das weiße Haus inmitten aufgestellt,
Was ist's, worin sich hier der Sinn gefällt?

Auf diesem Hügel überseh ich meine Welt!
Erstieg ich auch der Länder steilste Höhen,
Von wo ich könnt die Schiffe fahren sehen
Und Städte fern und nah von Bergen stolz umstellt,
Nichts ist's, was mir den Blick gefesselt hält.

Auf diesem Hügel überseh ich meine Welt!
Und könnt ich Paradiese überschauen,
Ich sehnte mich zurück nach jenen Auen,
Wo Deines Daches Zinne meinem Blick sich stellt,
Denn der allein umgrenzet meine Welt.

Wenn das erste Brunnenwort zum Klingen gekommen ist, wartet schon das zweite auf Sie. Wieder finden Sie eine Auswahl mit Vorschlägen. Lassen Sie sich inspirieren. Und danach kommt wieder die Seele zu Wort ...

Die Schale des Wachstums

Ver

Coaching Bildun

Entwicklung

Intensität

Krea

Kaizen Ge

Herausforderung Mu

Neubeginn Neu

Schwingung

Temper

Auf und Ab Schatzsuc

Dynamik

nderung Gemeinschaft

Ausdauer Erneuerung

egegnung Entfaltung Aufstieg

Fleiß Erfolg

Meer Spiel

rkenntnis

Bewegung

Fantasie

nschaft Expansion

Fortbildung Natur

Genuss Fortschritt

Leistung

gier Lernen Gymnastik

Wandel

Fitness

Wagnis

ment Sehnsucht

Training

Tanzen

Die Seele hat sich einige Begriffe aus der Schale des Wachstums ausgesucht, zu denen sie gern etwas sagen möchte:

Bewegung Der Verstand hielt eine lange Liste in der Hand, die er eifrig studierte. »Ich glaube, dass mir Bewegung guttut. Meistens sitze ich ja nur und denke.«

Die Seele nickte. »Da hast du eine wunderbare Entscheidung getroffen. Wie wollen wir anfangen?«

Er zeigte ihr die Liste. »Zuerst machen wir 5 Kniebeugen. Das sind 20 Sekunden. Dann nehmen wir die Arme hoch und wieder runter, genau 30 Sekunden lang. Siehst du hier?«

Die Seele nickte. »Ich mache gern mit. Aber Bewegung ist mehr, als eine Liste abarbeiten. Bewegung ist Leben. Du weißt doch: Ich tanze mein Leben.«

Er zog die Stirn kraus. »Wie soll denn das gehen? Reicht die Liste nicht aus?«

Sie drehte sich mehrmals um die eigene Achse, wie sie das so oft tat. »Bewegung macht Spaß!« Sie sprang über eine Bank und wedelte mit den Armen. »Bewegung macht lebendig!« Dabei schlug sie ein Rad und winkte ihm übermütig zu. »Bewegung beginnt in den Füßen und geht ins Herz und in den Kopf.« Sie strahlte ihn an. »Wollen wir schon mal mit den Kniebeugen beginnen?«

Erfolg »Du grübelst schon wieder«, stellte die Seele fest. »Willst du mir verraten, welches Problem du gerade wälzt?« Der Verstand hatte in diesem Moment nicht mit der Seele gerechnet. Wie aus Trance blickte er auf. »Ich versuche gerade zu berechnen, wann ich mich endlich über einen richtigen Erfolg freuen darf.«

Die Seele streichelte ihn zärtlich. »Seit einiger Zeit tauschen wir beide uns regelmäßig aus. Du hast sogar schon etliche Male fröhlich mit mir getanzt.«

Er sah sie überrascht an. »Das nennst du Erfolg?« Er nahm etwas unbeholfen ihre Hand.

»Mein lieber Verstand, wir konnten schon so viele Erfolge feiern. Denk nur daran, wie wir nachts in die Sterne geschaut haben. Du hast mir die Sternbilder erklärt, und ich habe dir von der Sehnsucht nach dem Himmel erzählt.«

Der Verstand schluckte. »Ja, es hat sich schon vieles bei uns geändert in letzter Zeit.« Er schluckte noch einmal. Dann lachte er sie an: »Wir beide sind schon ein tolles Team, finde ich!«

Genuss Der Verstand setzte umständlich seine Brille ab. »Wir haben ein Wort in der zweiten Schale, das dort nicht hineinpasst. ›Genuss‹ ist schön, aber er bringt dich nicht weiter.«

Die Seele schloss die Augen. »Ich liebe Genuss. Da lasse ich mich durch nichts ablenken. Wenn ich genieße, dann lebe ich ganz im Genuss.«

Der Verstand nickte. »Ja, du lebst im Augenblick, da kann ich noch viel von dir lernen. Also bin ich noch kein richtiger Genießer?«

Die Seele grinste. »Denk nur an das Eis, das wir kürzlich geschleckt haben. Du hast die ganze Zeit die Kalorien berechnet und mir von lauter Zusatzstoffen erzählt.«

Er nickte wieder. »Das war wirklich kein Genuss. Da muss ich dir wieder recht geben.«

Die Seele sah ihre große Chance gekommen. »Ich will dir noch etwas sagen. Als du vor Wochen viel zu viel gearbeitet hast, hast du abends immer den Kühlschrank geplündert. Danach hast du dir den Bauch gestreichelt und mir erzählt, dass du das Essen genossen hast.«

»Stimmt schon wieder!«, sagte er und nickte mehrmals. »Ein wahrer Genießer, so hast du mir einmal erzählt, kann auch verzichten.«

Jetzt nickte die Seele.

Sehnsucht »Heute habe ich dir eines meiner Lieblingswörter mitgebracht.« Die Seele strahlte. »Ich bin gespannt, was du dazu sagst. Es ist das Wort ›Sehnsucht‹.«

Der Verstand sah sie etwas hilflos an. »Also, Sehnsucht, das ist so eine Art Ziel, das man erreichen will. Aber wie ich dich kenne, ist es viel mehr.«

Sie strahlte immer noch. »Sehnsucht ist viel mehr, das stimmt. Die Sehnsucht zeigt mir, dass das Leben viel größer ist, als ich mir vorstellen kann. Die Sehnsucht zeigt mir die Liebe«, dabei blinzelte sie dem Verstand fröhlich zu, »sie zeigt mir, dass ich vom Himmel beschenkt werde und dass mein Stern aufgeht.«

Der Verstand schwieg einen Moment. Dann sagte er nachdenklich: »Das kommt mir jetzt sehr bekannt vor. Auch wenn ich nichts davon verstehe – ich glaube, dass mir die Sehnsucht der Seele guttut.«

Spiel Der Verstand saß wieder einmal ernst und unbeweglich auf seinem Stuhl. Er hatte sich in einer komplizierten Aufgabe verheddert und wusste nicht weiter.

Als die Seele ihn sah, bekam sie einen Schreck. »Lieber Verstand, du brauchst unbedingt eine Pause. Komm, lass uns hinausgehen und im Garten spielen. Danach geht es dir bestimmt wieder besser.«

Er blickte sie finster an. »Das fehlt mir jetzt noch, dass ich spiele wie ein kleines Kind. Ich muss arbeiten. Und Arbeit ist nur etwas wert, wenn sie anstrengend ist. Spiel ist nichts für vernünftige Leute.« Das Worte »vernünftige« dehnte er extra lang.

Doch die Seele nahm ihn an die Hand und zog ihn hinaus. »Kannst du dich erinnern, wie leicht und schnell du als Kind gelernt hast? Damals ging alles ganz spielerisch. Da warst du noch locker und gelassen und hast über jeden Schmetterling gestaunt.«

Der Verstand lächelte, als sie vom Schmetterling sprach. »Das war schön damals. Ich kann ja nachher versuchen, meine Aufgabe spielerisch zu lösen. Und jetzt lass uns den Ball holen!«

Wagnis »Hast du dich schon entschieden, was du in unserem Leben verändern möchtest?«, fragte die Seele und blickte ihn aufgeregt an.

»Bisher noch nicht«, antwortete er leise. »Ich muss erst völlig sicher sein, welche Entscheidung die richtige ist. Stell dir vor, ich denke in vielen Jahren zurück und gestehe mir ein, dass ich den falschen Weg gewählt habe.«

Die Seele sprang auf. »Du kannst doch vorher nie genau wissen, welche Entscheidung richtig ist. Es ist immer ein Wagnis.«

Er fühlte sich wieder einmal ertappt. »Zum Glück haben wir uns ja entschieden, in Zukunft zusammenzuarbeiten. Ich bin für das Nachdenken und Planen da und du für das Wagnis. Einverstanden?« Die Seele strahlte. »Ja, für das Wagnis und für das Tanzen!«

Die zweite Entscheidung

Sie haben ein Wort oder mehrere entdeckt? Denken Sie darüber nach. Lassen Sie sich Zeit. Fühlen Sie, schauen Sie. – Dann gehen Sie zum »Café Zeitlos«, um ihr zweites Brunnenwort zu entdecken. Den Weg dorthin kennen Sie schon gut. Vielleicht fühlen Sie sich dort bereits zu Hause.

Setzen Sie sich wieder aufrecht gemütlich hin und spüren Sie den Boden unter Ihren Füßen, der Sie trägt. Legen Sie Ihren inneren Rucksack ab, in dem sich Sorgen, Gedanken und Lasten befinden. Führen Sie langsame, kleine kreisende Bewegungen mit den Schultern aus, so dass ein Wohlgefühl in Ihnen entsteht. Nun massieren Sie leicht Ihre Kiefergelenke. Das Gesicht entspannt sich – ein Lächeln entsteht.

Zählen Sie langsam von 7 bis 1 und spüren dabei die Bilder der »bewegten Sieben«, zuletzt klingt in Ihnen: »Lass dich vom Himmel beschenken. Ich werde vom Himmel beschenkt.« Willkommen im »Café Zeitlos«!

Genießen Sie einen Moment an Ihrem Entspannungsort. Schauen Sie, fühlen Sie, lassen Sie sich Zeit.

Nun tauchen Sie ein in die Schale des Wachstums. Vertrauen Sie darauf, dass Sie Ihr Brunnenwort entdecken werden. Es ist ein Begriff, der Sie fasziniert und herausfordert. Sie spüren ein leichtes Kribbeln. Ihr Herz schlägt schneller.

Wenn Sie eine Weile dort verbracht haben und beschenkt wurden, bedanken und verabschieden Sie sich und zählen von 1 bis 7.

Sie nehmen wieder die Geräusche um sich wahr. Sie spüren, wie Ihre Füße mit dem Boden verbunden sind. Sie kreisen mit den Schultern, streichen ihre Stirn aus – ein Lächeln entsteht. Sie öffnen die Augen.

Wenn Sie Ihr Wort gefunden haben, leben Sie wieder lustvoll und kreativ mit Ihrem Brunnenwort.

So klingt das zweite Brunnenwort

Basteln Sie wieder Kärtchen, die Sie mit Ihrem zweiten Wort beschriften. Dann verteilen Sie die Kärtchen so, dass Sie ständig darauf stoßen.

Welche Musik passt zu Ihrem zweiten Schlüssel? Gehen Sie einfach auf eine musikalische Entdeckungsreise. Unser Favorit für die Schale des Wachstums ist der Song »Walk of Life« von *Dire Straits.* Das macht richtig Lust aufs Wachsen, auf Bewegung und Veränderung. Und der Song versprüht große Leichtigkeit und eine ordentlich Portion Humor.

Im Internet:
https://www.youtube.com/watch?v=h2a20YL5mvg

Welches Gedicht passt zu Ihrem zweiten Brunnenwort? Machen Sie sich auf eine lustvolle Suche. Wir haben uns auch auf die Suche nach einem Gedicht zur Schale des Wachstums gemacht. Wir sind bei *Rainer Maria Rilke* gelandet. Typisch für Rilke ist, dass seine Gedichte in »Seelensprache« geschrieben sind. Unser Verstand setzt sich erst einmal die Brille auf, dann greift er vertrauensvoll nach der Hand der Seele:

Ich lebe mein Leben in wachsenden Ringen,
die sich über die Dinge ziehn.
Ich werde den letzten vielleicht nicht vollbringen,
aber versuchen will ich ihn.

Ich kreise um Gott, um den uralten Turm,
und ich kreise jahrtausendelang;
und ich weiß noch nicht:
bin ich ein Falke, ein Sturm
oder ein großer Gesang.

Genießen Sie die Zeit mit Ihrem zweiten Brunnenwort. Danach wartet noch das dritte auf Sie.

Die Schale der Lebendigkeit

Abent
Weisheit
Au
Begeisterun
Flüge
Lust
Vitalität Herzklo
Lebensfreu
Temperament
Leben
Übermut
Pow
Schwung
Vergnügen Weit

Optimismus

selligkeit

er Glück Genuss

jelassenheit Feier

Bewegung

Erfüllung Feuer

zination

fen Flow Lachen

Hingabe

Humor Freiheit

ealismus

st Sinnlichkeit

r

Leidenschaft

keit Musik Liebe

Resonanz Romantik

Reife Spaß

Dieses Mal hat sich die Seele einige Begriffe aus der Schale der Lebendigkeit ausgesucht, zu denen sie gern etwas sagen möchte:

Abenteuer »Lass uns Abenteuer erleben!«, rief die Seele dem Verstand zu, der fast über seinen Texten und Kalkulationen eingeschlafen wäre.

»Wer, wie, was? Abenteuer?« Er setzte sich wieder aufrecht auf seinen Stuhl. »Darüber muss ich erst nachdenken.«

Die Seele wartete geduldig und schaute sich in Ruhe die Bilder in seinem Arbeitszimmer an.

»So, dich interessieren meine Bilder? Die sind alle aus meinem Leben. Ich habe schon viel von der Welt gesehen. Da waren etliche Abenteuer dabei.«

Die Seele zeigte auf ein eingerahmtes Foto. »Da lachst du! Was für ein schönes Lachen! Du stehst auf einem Berggipfel und siehst stolz und glücklich aus.«

Er stand auf und sah sich das Bild näher an. »Ach ja, das ist lange her. Ich sag dir, das war ein Abenteuer!«

Die Seele nahm ihn an die Hand. »Ich finde, es ist Zeit für neue Abenteuer. Ich freue mich schon auf dein stolzes und glückliches Lachen!«

Freiheit Die Seele schaute dem Verstand schon lange beim Denken zu. Schließlich fragte sie: »Bist du bald fertig? Ich hoffe, du hast heute Abend frei.«

Der Verstand blickte kurz auf. »Ich habe nie frei. Ich habe immer etwas zu tun.«

Sie schaute ihn traurig an. »Du sprichst so oft von Freiheit. Aber du nutzt sie gar nicht.«

Er drehte sich zu ihr. »Ich habe die Freiheit, das zu tun, was ich will. Jetzt will ich denken.«

Sie fragte sofort zurück: »Und nachher? Was willst du nachher tun?«

Er überlegte. »Nachher will ich auch denken. Und weil wir beide doch entschieden haben, dass wir zusammenarbeiten, schlage ich vor, dass wir gemeinsam denken.«

Die Seele schüttelte den Kopf. »Du weißt doch, das ist nicht meine Stärke.«

Drei Minuten später verließen die beiden Arm in Arm sein Büro. Der Verstand humpelte noch ein wenig vom vielen Sitzen. »Ich bin sehr sportlich, musst du wissen. Schließlich bin ich eben über meinen Schatten gesprungen.

Lachen Die Seele schlich unglücklich durch das Büro, in dem der Verstand arbeitete. »Mein Lieber, du bist heute wieder so ernst. Kannst du nicht etwas lockerer sein? Mein Wunsch wäre, dass du mal richtig lachst. Kannst du das?«

Der Verstand blickte sie ernst an. »Ich kann alles. Aber warum sollte ich lachen? Das Leben ist eine ernste Angelegenheit.«

Die Seele gab nicht auf. »Kannst du bitte einmal von deinem Stuhl aufstehen?«

Er blickte sie irritiert an, dann folgte er ihrem Wunsch und stellte sich neben den Stuhl.

Sofort sprang die Seele auf den freien Platz. Sie setzte sich bequem hin und zog die Stirn kraus. »Ich werde erst einmal in Ruhe über das Lachen nachdenken. Das ist ein guter Platz, um sich kluge Gedanken zu machen.«

Der Verstand war einen Augenblick lang irritiert. Dann gingen seine Mundwinkel nach oben, er lachte und begann fröhlich um den Stuhl zu tanzen. »Jetzt haben wir unsere Plätze getauscht, und du«, er hielt sich kurz die Hand vor den Mund, »und du denkst nach.« Er tanzte immer schneller. »Stell dir vor, ich fühle, wie mein Herz schlägt!«

Augenblicke später lagen sie beide auf dem Teppich und prusteten vor Lachen. »Ich denke über ernste Dinge nach!«, rief die Seele.

Der Verstand antwortete glucksend: »Stell dir vor, ich fühle! Ich fühle mich wunderbar! Sind wir nicht ein lustiges Pärchen?«

Romantik Die Seele fühlte sich wieder einmal vernachlässigt. »Lieber Verstand, ich wünsche mir so sehr einen romantischen Abend mit dir. Vielleicht hast du eine Idee?«

Der Verstand fing sofort an, in seinen Unterlagen zu wühlen. »Hier ist ein interessantes Angebot. Ein opulentes Mahl bei Kerzenschein und musikalischer Begleitung. Und das Ganze gibt es zum einmaligen Sonderpreis.«

Die Miene der Seele hellte sich ein wenig auf. »Da hast du wirklich ein gutes Angebot entdeckt. Aber ich habe mir einen romantischen Abend vorgestellt, der noch günstiger für dein Bankkonto ist.«

Er schüttelte den Kopf und versuchte dabei zu lächeln.

»Meine Liebe, das Leben ist teuer. Noch günstiger wird es nicht zu machen sein.«

Die Seele streichelte zärtlich seine Schulter. »Heute Abend wird es draußen noch lange warm sein. Der Himmel ist klar, und wir werden die Sterne sehen. Ich nehme eine Decke mit – und vielleicht gelingt uns ein romantischer Tanz unter dem Sternhimmel. Das ist mein Sonderangebot!«

Weisheit Der Verstand saß wieder einmal angespannt auf dem Stuhl. Er hatte sich tief über seine Unterlagen gebeugt. Als die Seele ihn sah, verschwand das Lächeln aus ihrem Gesicht. »Du hast wieder viel zu tun«, begann sie das Gespräch.

Er zuckte zusammen. »Hallo Seele, du hier? Ich habe dich gar nicht kommen hören. Willst du mich wieder einmal von meiner Arbeit ablenken?« Seine Worte klangen freundlich, so als würde er gern eine kurze Pause einlegen.

Die Seele freute sich über seine gute Stimmung. »Ich bewundere dich und deinen Fleiß und dein Wissen. Du hast bestimmt ein großes Ziel, das du erreichen willst!«

Er nickte aufgeregt. »O ja, das habe ich. Eines Tages möchte ich richtig weise sein.«

»Weisheit ist wunderbar«, antwortete sie. »Wie sieht dein Weg dorthin aus?«

Der Verstand setzte sich kerzengerade hin. »Wenn ich alles weiß«, dabei zeigte er ausladend auf seine Bücherregale, »dann bin ich weise.«

Die Seele sah zu den Büchern, dann zu ihm. »Alle Worte

für die Weisheit findest du dort. Es fehlen nur noch die Farben und die Bilder, die Gefühle, die Sehnsucht und die Liebe.«

Er nahm seine Brille ab. Feierlich sagte er: »Vielleicht können wir den Weg zur Weisheit gemeinsam gehen, was meinst du?«

Die dritte Entscheidung

Sie haben einen oder mehrere Favoriten gefunden? Denken Sie darüber nach. Lassen Sie sich Zeit. Fühlen Sie, schauen Sie. Dann gehen Sie zum »Café Zeitlos«, um ihr drittes Brunnenwort zu entdecken. Den Weg dorthin kennen Sie schon gut.

Genießen Sie einen Moment an Ihrem Entspannungsort. Schauen Sie, fühlen Sie, lassen Sie sich Zeit. Nun tauchen Sie ein in die Schale der Lebendigkeit. Vertrauen Sie darauf, dass Sie Ihr Brunnenwort entdecken werden. Es ist ein Begriff, der Sie fasziniert und herausfordert. Am liebsten würden Sie gleich mit diesem Wort losfliegen.

Wenn Sie Ihr Wort gefunden haben, leben Sie wieder lustvoll und kreativ mit dem dritten Brunnenwort.

So klingt das dritte Brunnenwort

Ihre Kärtchen liegen bestimmt schon bereit. Das dritte Brunnenwort weckt Ihre Lebendigkeit.

Danach geht es wieder um Musik. Welcher Song fällt Ihnen zu Ihrem dritten Wort ein? Unser Favorit für die Schale der Lebendigkeit ist der Song »It's my life« von *Bon Jovi.* Was für eine Dynamik! Dieses Verliebtsein ins Leben. Was für ein Feuerwerk!

Im Internet:
https://www.youtube.com/watch?v=vx2u5uUu3DE

Schreiben Sie gern Gedichte? Dann hat sicher Ihr nächstes Gedicht Ihr drittes Brunnenwort als Überschrift. Oder Sie suchen sich aus Ihrer zweibändigen Lyriksammlung ein passendes Gedicht aus. Wir, Angelika und Rainer, haben für die Schale der Lebendigkeit folgendes Gedicht von *Wolfgang Borchert* ausgewählt:

Versuch es

Stell Dich mitten in den Regen,
glaube an den Tropfensegen,
spinn Dich in dies Rauschen ein
und versuche, gut zu sein!

Stell Dich mitten in den Wind,
glaub an ihn und sei ein Kind –
lass den Sturm in Dich hinein
und versuche, gut zu sein!

Stell Dich mitten in das Feuer –
liebe dieses Ungeheuer
in des Herzens rotem Wein
und versuche, gut zu sein!

Leben mit den drei Brunnenworten

Möglicherweise ist Ihre Wohnung jetzt voll mit Kärtchen. Auf jedem Kärtchen steht eines Ihrer Brunnenworte. Vergessen Sie diese drei verschiedenen Kärtchen – setzen Sie in Zukunft alles auf eine Karte. Eine Karte mit ihren drei Brunnenworten. So wie eine Visitenkarte haben Sie dann ein Kärtchen mit allen drei Begriffen. Wenn Sie wollen, können Sie zu sich selbst sagen: Meine Eintrittskarte für ein freies, sinnerfülltes Leben.

Die Brunnenworte »atmen«

Erinnern Sie sich noch einmal daran, wie die »bewegte Sieben« beginnt. »Sie stehen verwurzelt mit dem Boden und verbunden mit dem Himmel. Genießen Sie diesen Moment.

Jetzt lassen Sie den Atem dreimal kommen und gehen. Sie müssen nichts dazu tun. Es geht ganz von allein. Bewundern Sie die Schönheit Ihres Atems: Es kommt, es geht, es ruht.

Der Atem fließt in Ihrem Körper. Sie spüren den Rhythmus des Lebens. Sie sind lebendig. Die Tür der sieben Worte ist geöffnet.«

In Zukunft werden Sie Ihre drei Brunnenworte zur »bewegten Sieben« mitbringen. Wenn Ihr Atem zum ersten Mal kommt und geht, sehen und fühlen Sie Ihr erstes Brunnenwort. Wenn Ihr Atem zum zweiten Mal kommt und geht, sehen und fühlen Sie Ihr zweites Brunnenwort. Wenn Ihr Atem zum dritten Mal kommt und geht, sehen und fühlen Sie Ihr drittes Brunnenwort. Wenn Sie dann die »bewegte Sieben« abschließen und dabei wieder dreimal den Atem kommen und gehen lassen, tauchen wieder nacheinander Ihre drei Brunnenworte auf.

Das Atmen mit Ihren drei Worten unterstützt Sie dabei, Ihren Tag bewusst mit Ihren persönlichen Lebensworten zu gestalten und zu leben.

Das Brunnenbuch 2

Haben Sie Ihr Brunnenbuch geschrieben? Es konnte Ihnen zeigen, dass Ihre drei Schalen nach und nach wieder gut gefüllt wurden. Es gab an jedem Tag verschiedene Möglichkeiten, Geborgenheit zu erfahren, sei es durch die Familie, Ihren Glauben oder eine gute Gemeinschaft. Ebenso gab es etliche Möglichkeiten zu wachsen: Sport zu treiben, zu lernen, neue Herausforderungen anzunehmen. Schließlich fühlten Sie sich oft sehr lebendig? Sie spürten Lebensfreude, ließen sich auf neue Abenteuer ein und haben viel gelacht?
Doch da war Sehnsucht nach mehr. Ihre Seele hat Ihnen zugeflüstert: Es gibt mehr! Das Größte wartet noch auf dich! Du kannst wieder so lebendig und begeistert leben, wie du es früher einmal getan hast.

Wegen dieser Sehnsucht haben Sie sich auf die Suche nach Ihren persönlichen Brunnenworten gemacht. Sie zeigen Ihnen den einzigartigen Weg zu einem erfüllten Leben, den nur Sie finden und gehen können.
Ihr Brunnenbuch ist für Sie längst zum regelmäßigen Begleiter geworden. Das wird auch so bleiben. Doch in Zukunft werden Sie sich bei Ihrem Rückblick und beim Ausblick vor allem auf die drei Brunnenworte konzentrieren.
Nehmen Sie sich wieder an jedem Tag einen Moment Zeit. Blicken Sie wie gewohnt zurück auf den vergangenen Tag. Wie intensiv haben Sie Ihre Brunnenworte gelebt und wie hat es sich angefühlt? Welches kam zu kurz? Worüber freuen Sie sich besonders?
Planen Sie den nächsten Tag. Wie können Sie Ihre Brunnenworte leben? Wie können Sie die Worte umsetzen, und zwar nicht nur im Großen, sondern auch im Kleinen?
Noch etwas: Schenken Sie sich ab und zu einen großen Ausblick auf Ihr Leben. Wie können Sie der Spur Ihrer Sehnsucht folgen, die durch die Brunnenworte gelegt ist?
Sie werden wichtige Entscheidungen treffen. Sie werden Dinge tun, die vielleicht nur Sie allein verstehen. Sie werden neue Wege gehen und alte verlassen. Und Ihre Augen werden wieder glänzen.

Ausblick

Es hatte alles mit einem Selbstversuch begonnen. Wir hatten uns die Frage gestellt: Wie können wir heutzutage mit den Weisheitsworten der Bibel leben. Über Umwege war daraus die »bewegte Sieben« entstanden. Dann kam der Brunnen dazu mit den drei Schlüsseln, um unseren Traum zu leben.

Heute sprudelt unser Brunnen wieder. Wir achten darauf, dass alle drei Schalen gut gefüllt und frisch sind. Die Brunnenworte erinnern uns täglich daran, unseren Traum zu leben. Unser Glaube hat an Weite und Lebendigkeit gewonnen.

Ich, Rainer, muss nicht länger von vergangenen Abenteuern träumen. Wir stecken beide mitten in neuen Abenteuern, auch wenn wir nicht mehr wie früher irgendwo auf Steinfußböden schlafen und den Traum vom Fallschirmspringen endgültig aufgegeben haben. Ich genieße es, dass meine Seele und mein Verstand zusammenarbeiten. Vielleicht schreibe und lese ich deshalb Seelengeschichten so gern.

Ich, Angelika, genieße mein neues, aufregendes Leben. Vieles ist in Bewegung gekommen, auch die »bewegte Sieben«. Spannende Aufgaben und Begegnungen liegen vor mir. Ich freue mich darauf.

Gerade blicken wir uns um und sehen, wie Seele und Verstand Arm in Arm gehen. »Schön, dass du so wunderbare Gefühle hast!«, flüstert er ihr zu. Er lächelt dabei versonnen und denkt: »Auch wenn ich deine Gefühle meistens nicht verstehen kann.«

Die Seele ist wieder einmal selig, schaut ihn liebevoll an und flüstert: »Wie schön, dass du so wunderbare Gedanken denkst!« Auch sie lächelt versonnen und denkt bei sich: »Auch wenn ich deine Gedanken meistens nicht verstehen kann.«

Plötzlich hält der Verstand an und blickt nach oben. Dann ruft er: »Meine liebe Seele, siehst du dort diesen bunten Schmetterling? Ich liebe es, wie fröhlich und frei er durch die Lüfte fliegt.«

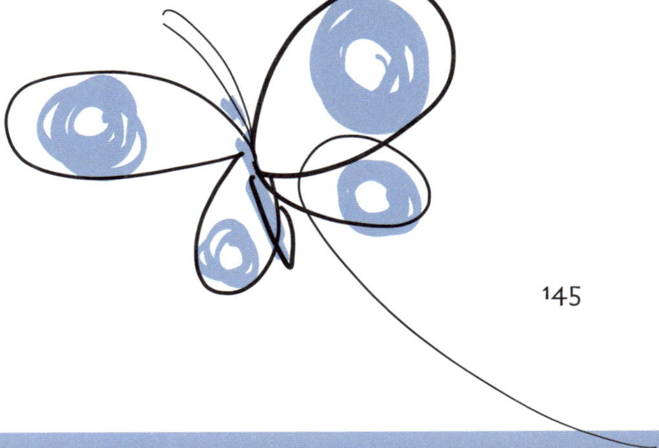

Die »bewegte Sieben« im Überblick

1

Lass dich vom Himmel beschenken. Wir führen die gestreckten Arme langsam seitlich nach oben, bis die Hände sich über dem Kopf leicht berühren.

Ich werde vom Himmel beschenkt. Die gestreckten Arme führen wir langsam wieder nach unten, bis die Fingerspitzen zum Boden zeigen.

2

Lieben heißt Sterne verschenken. Wir heben die rechte Hand zur linken Schulter. Dann führen wir die rechte Hand auf Schulterhöhe einladend nach rechts. Der Arm bleibt auf Schulterhöhe leicht gestreckt.

Mein Stern geht auf. Wir heben die linke Hand zur rechten Schulter. Dann führen wir die linke Hand auf Schulterhöhe einladend nach links. Der Arm bleibt auf Schulterhöhe leicht gestreckt.

3

In jedem Auge leuchtet der Himmel. Wir strecken die Arme locker nach vorne aus und stellen die Handflächen auf (die Augen blicken also auf die Handrücken). Mit beiden Händen gleichzeitig zeichnen wir zuerst einen kleinen, dann einen großen Kreis. Dann berühren sich die Hände leicht unterhalb des Bauches.

Der Himmel leuchtet in mir. Nun führen wir die locker gestreckten Arme seitlich nach oben, bis die Hände sich über dem Kopf berühren. Dann führen wir die Hände an der Mittellinie des Körpers herab bis zum Nabel. Wir legen die Hände übereinander auf den Bauch.

4

Öffne die Fenster deiner Seele. Wir legen gleichzeitig beide Hände über Kreuz auf die Schultern (also die rechte Hand auf die linke Schulter und umgekehrt). Danach führen wir die Hände an den Schlüsselbeinen entlang zur jeweils anderen Schulter und strecken dann die Arme auf Schulterhöhe ganz aus.

Meine Seele ist frei. Die Arme bleiben locker zur Seite geöffnet und schwingen leicht nach oben und unten, als wären es Flügel.

5

Vertrau dem Licht in dir. Die Arme bleiben auf Schulterhöhe locker gestreckt. Wir drehen beide Handflächen nach oben und führen die gestreckten Arme waagerecht nach vorne, bis die Hände sich berühren und eine nach oben offene Schale bilden.

Mein Licht leuchtet. Nun führen wir beide Hände zum Körper. Die linke Hand liegt auf der rechten Hand mit der Handfläche nach oben. Wir nehmen wahr, wie das Licht uns innerlich wärmt und aufrichtet.

6

Über allem strahlt die Liebe. Wir heben die rechte Hand zur linken Schulter und führen den Arm in einem großen Bogen über den Kopf zur rechten Seite weiter nach unten, bis die Fingerspitzen zum Boden zeigen.

Meine Liebe strahlt aus. Wir heben die linke Hand zur rechten Schulter und führen den Arm in einem großen Bogen über den Kopf zur linken Seite weiter nach unten, bis die Fingerspitzen zum Boden zeigen.

7

Alles Leben ist ein Tanz. Wir führen beide Hände zur Körpermitte. Die Hände kreisen vorwärts übereinander nach oben bis über den Kopf. Dann öffnen wir die Arme V-förmig.

Ich tanze mein Leben. Die Arme bleiben V-förmig locker nach oben gestreckt. Wir drehen uns einmal um uns selbst.

Literatur

Während der Entwicklung der »bewegten Sieben« und der Entstehung dieses Buches haben uns folgende Bücher begleitet (in Auswahl):

Bartrow, Kay, Schmerzfreier Nacken. Die besten Übungen gegen Verspannungen, Stuttgart 2019

Bisges, Günther, Entspannung für Schultern und Nacken. 10 Feldenkrais-Lektionen, München 2011

Blickhan, Daniela, Positive Psychologie. Ein Handbuch für die Praxis, Paderborn 2015 (2. Überarbeitete Aufl. 2018)

Böschemeyer, Uwe, Dein Unbewußtes weiß mehr, als du denkst. Imagination als Weg zum Sinn, Freiburg 1996

–, Gottesleuchten, Begegnungen mit dem unbewussten Gott in unserer Seele, München 2007

Brennan, Richard, Besser Atmen, München 2017

Deutsche Gedichte, Ausgewählt und eingeleitet von Karl Krolow, Band 1, Frankfurt am Main 1982 (7. Aufl. 1991)

Deutsche Gedichte, Ausgewählt und eingeleitet von Karl Krolow, Band 2, Frankfurt am Main 1982 (7. Aufl. 1991)

Die Bibel (nach der Übersetzung Martin Luthers), Stuttgart 2016

Die Bibel, Einheitsübersetzung, Stuttgart 2016

Ernst, Heiko, Innenwelten. Warum Tagträume uns kreativer, mutiger und gelassener machen, Stuttgart 2011

Faller, Norbert, Atem und Bewegung, Wien 2009

Faulstich, Joachim, Das heilende Bewusstsein. Wunder und Hoffnung an den Grenzen der Medizin, München 2006
Franclin, Eric, Entspannte Schultern, gelöster Nacken, München 2000
Fredrickson, Barbara L., Die Macht der guten Gefühle, Frankfurt am Main 2011
Gedichte der Romantik, Herausgegeben von Wolfgang Frühwald, Stuttgart 1984 / 1993
Gibran, Khalil, Der Prophet, Ostfildern 7. Aufl. 2019
Haak, Rainer, Café Zeitlos. Eine Erzählung über die Flügel der Seele, Ostfildern 2020
–, Die unerhörte Leichtigkeit des Glaubens, Asslar 2017
Hanna, Thomas, Beweglich sein ein Leben lang. Die heilsame Wirkung körperlicher Bewusstheit, München 2016
Hansen, Anders, Brain fit. Bauch, Beine, Hirn, Stuttgart 2018
Höfler, Heike, Die Nackenschule. Gezielte Übungen für Kopf, Hals und Schultern, München 2014
–, Entspannungstraining für Kiefer, Nacken, Schultern, Stuttgart 2016 (2. Aufl.)
–, Nacken & Schultern entspannen, Stuttgart 2015
Höller-Zangenfeind, Maria, Stimme von Fuß bis Kopf, Innsbruck 2007 (2. Aufl.)
Jung, C. G., Archetypen. Urbilder und Wirkkräfte des kollektiven Unbewussten, Ostfildern 2016 (2. Aufl. 2019)
Kast, Verena, Die Dynamik der Symbole. Grundlagen der Jung'schen Psychotherapie, Ostfildern 2016 (2. Aufl. 2019)
–, Die Tiefenpsychologie nach C. G. Jung, Ostfildern 2014 (5. Aufl. 2019)
–, Imagination. Zugänge zu inneren Ressourcen finden, Ostfildern 2012
–, Seele braucht Zeit, Freiburg 2013

–, Träume. Die geheimnisvolle Sprache des Unbewussten, Düsseldorf 2006 (5. Aufl. 2009)

Kuhnhardt, Gert von, Kleiner Aufwand große Wirkung. Phänomen Trampolin, Köln 1995 (2. Aufl. 1998)

Lienhard, Lars, Training beginnt im Gehirn, München 2019

Low, Steven / Ilano, Jarlo, Körperhaltung korrigieren, München 2018

Lutz, Horst, Life Kinetik. Bewegung macht Hirn, Aachen 2017

Münchhausen, Marco von, Wo die Seele auftankt. Die besten Möglichkeiten, Ihre Ressourcen zu aktivieren, Frankfurt am Main 2004

Novum Testamentum Graece, Stuttgart 1963 / 1967

Röcker, Anna E., Eine Tankstelle für die Seele. Inner Coaching – Mit inneren Bildern die Psyche stärken, München 2013

Römische Sagen, Nacherzählt von Richard Carstensen, München 1978 (21. Aufl. 2004)

Saint-Exupéry, Antoine de, Der kleine Prinz, Düsseldorf 1950 / 2014

Schnack, Gerd, Sitzen macht krank, München 2019

Schwab, Gustav, Sagen des klassischen Altertums, Wien 1974 / 2001

Slomka, Gunda, Faszien in Bewegung. Bedeutung der Faszien in Training und Alltag, Aachen 2014 (4. Aufl. 2015)

Thomschke, Ronald, Beweglichkeitstraining. Übungen für mehr Flexibilität und zur Muskelentspannung, Berlin 2017

–, Schulter-Nacken Training, Berlin 2017 (2. Aufl. 2018)

Trebsdorf, Martin, Funktionelle Anatomie des Bewegungssystems, Haan-Gruiten 2016

Wildman, Frank, Feldenkrais. Übungen für jeden Tag, Frankfurt am Main 1995 (14. Aufl. 2010)

Zägelein, Walter, Move for Life. Gesund durch Bewegung, Berlin und Heidelberg 2013

In

»SCHENK DIR FLÜGEL!«

haben Sie die »sieben Goldenen Worte« kennengelernt und das »Café Zeitlos« als inneren Ort, an dem Verstand und Seele miteinander ins Gespräch kommen.

RAINER HAAK hat darüber eine eigene Geschichte geschrieben: Michael steckt in einer handfesten Krise und hat die Freude am Leben verloren. Wenn da nicht seine Freunde wären! Bonnie und Joy, Theo und Dr. Zweifel. Sie treffen sich mit ihm regelmäßig an einem Ort außerhalb der Zeit, dem »Café Zeitlos«. Zusammen mit Kris, dem Künstler und Lebenskünstler aus dem Bauwagen, helfen sie Michael dabei, zu erfahren, wie Träume sein Leben verändern und ein Engel sein Lebensbegleiter wird.

Ein Buch über Freundschaft, die Kraft der Träume und das Glück, im strömenden Regen durch den Park zu laufen. *Ein Buch wie Flügel für die Seele.*

Rainer Haak

CAFÉ ZEITLOS

Eine Erzählung über die Flügel der Seele

124 Seiten • zweifarbig illustriert

ISBN 978-3-8436-1206-7 (Patmos Verlag)

Ausführliches Inhaltsverzeichnis

Teil 2

Räume der Sehnsucht entdecken

Teil 3

Mit Körper und Seele in Bewegung kommen

Teil 4

Losfliegen ins Leben

Rainer und Angelika Haak, die Autoren dieses Buches, haben sich Flügel geschenkt und sind als Hamburger noch einmal in eine neue Welt gezogen, in den Norden Bayerns. Von hier aus sind sie unterwegs zu Vorträgen und Seminaren. Ihre beiden flügge gewordenen Kinder entdecken und verwirklichen inzwischen ihre eigenen Träume.

Rainer Haak ist Theologe und Schriftsteller. Bei seinem Schreiben geht es in unterschiedlicher Weise immer um die drei großen Fragen des Lebens: Worauf vertraue ich? Wodurch wachse ich? Wofür brenne ich?

Er ist mit über neun Millionen verkauften Büchern einer der erfolgreichsten Buchautoren im deutschsprachigen Raum. www.rainerhaak.de

Angelika Haak wirkt als Stimm- und Bewegungscoach in Bad Kissingen. Sie begleitet Menschen dabei, ihren eigenen »inneren Coach« zu entdecken und ihre Persönlichkeit zu entfalten. Sie lädt ihre Klienten ein, sich auf den Weg zur inneren Quelle zu machen, Ja zu sich selbst zu sagen und ihr persönliches Lebensmotto zu finden. Im Mittelpunkt ihrer Arbeit steht die Verknüpfung von Bewegung, Musik und inneren Bildern.

Sie hat die »bewegte Sieben« als spirituelle Bewegungsübung entwickelt. Es ist eine bewährte Methode auf dem Weg zu einem selbstbewussten, sinnerfüllten Leben. www.angelika-haak.de

VERLAGSGRUPPE PATMOS

PATMOS
ESCHBACH
GRÜNEWALD
THORBECKE
SCHWABEN
VER SACRUM

Die Verlagsgruppe
mit Sinn für das Leben

Haftungsausschluss:
Für die im Buch veröffentlichten Bewegungsübungen und praktischen Hinweise kann keine Gewähr oder Schadenshaftung seitens der Autoren oder des Verlags übernommen werden. Im Zweifelsfall empfiehlt es sich, Rücksprache mit einem Arzt zu halten. Die abgedruckten Hinweise sind aus dem Erfahrungswissen gesunder Menschen gewonnen; sie stellen keine Therapie dar und ersetzen keine Therapie.

FSC
www.fsc.org
MIX
Papier aus verantwortungsvollen Quellen
FSC® C014138

Für die Verlagsgruppe Patmos ist Nachhaltigkeit ein wichtiger Maßstab ihres Handelns. Wir achten daher auf den Einsatz umweltschonender Ressourcen und Materialien.

Verlagsgruppe Patmos in der Schwabenverlag AG, Ostfildern
www.patmos.de

Gesamtgestaltung: Finken & Bumiller, Stuttgart
Autorenfoto: © Stefan Weigand, Schwäbisch Hall
Druck: Finidr s. r. o., Český Těšín
Hergestellt in der Tschechischen Republik
ISBN 978-3-8436-1290-6